老上海

古镇名邑

薛理勇 著

上海书店出版社

前　言

"镇"的本义就是用重的东西压在其他物体的上面,使被压的东西体积缩小,外观服帖,如书画家用来压纸的文具就叫做"镇纸";通过高压可以打击敌方的气势,今汉语"镇压"多指以武力、暴力迫使对方慑服。中国古代,为了守护国土,封建政府会在边境、关隘设立相应的军事机构,派驻军队,这种地方往往被叫做"镇"。《魏书·官氏志》:"诏诸征、镇大将依品开府,以置佐吏",大意是驻守边境、关隘的将军可以参照他的级别建立衙门,增设官吏。又说:"旧制,缘边皆置镇都大将,统兵备御,与刺史同。城隍、仓库皆镇将主之,但不治",即驻守边疆的"镇都大将"只管军事,但不参预地方行政事务。有了驻军就会聚集人口,形成相应的商业活动,使这里成为人口集聚,商业发展的区域,最迟到唐朝后期,"镇"就作为市镇、集镇的名称使用,有的"镇"是一个区划单位,有的"镇"只是一个市镇。宋高承《事物纪原·州都方域·镇》中释:

> 宋朝之制，地要不成州而当津会者，则为军，以县兼军使；民聚不成县而有税课者，则为镇，或以官监之。

也就是讲：地方险要，又位于交通要冲之处，但这里的人口尚未达到设置独立的行政区的数量，可以称之"军"，由当地的知县兼管；一个地区、人口或户籍达到一定的数量，而且还有相应的商业活动，但尚未达到建县的标准，那可以建"镇"，有的镇可以设镇监，也即今日所谓的镇长。明清大致沿袭了宋朝的制度。

是否建镇，主要的参数是户口或编户。古代，中国的人口并不如今天那么多，按唐朝的制度，六千户为上县，《元史·百官志》中讲的更明确："（至元）二十年，又定江淮以南三万户之上者为上县。"江南地区，人口超过三万户的县就已是大的县了。一个县下面会有许多的镇，镇是比县小得多的单位，其人口就更少了。1909年清廷颁布《全国城镇乡自治章程》，规定人口超过五万者可以设镇，五万以下者可以设乡，从此，"镇"就正式作为县以下的行政区划单位，不过，日常生活中，"镇"仍多指有相应人口及商业活动的集镇，与英文中的town相近。

上海位于长江口的南岸，苏南平原的东部，是典型的江南水乡，水渠纵横，湖泊密布，舟楫是主要的出行和运输工具，在水上交通便利，或河港交叉的地方就会形成商业网点，集聚人口，形成集市、集镇，如今已很难统计今上海市境内在历史上有过多少镇，或被百姓称之为"镇"的地方。江南水乡，镇大多依水而建，有的镇以河流而得名，而有的河流又以镇而得名，如"上海"的附近有一条原吴淞江的支流——

"上海浦",它们在文献上出现的时间几乎在同一时期,谁敢断定是上海得名于上海浦,还是上海浦得名于上海。于是,关于"镇"的那些名称的来历就会有不同的解释和说法,还有更多的传说和故事,这就是一种文化。

有记载,今上海地区最早出现的镇是青龙镇,建于唐天宝五载(746年),比华亭县建立的天宝十载还早了五年,而于"青龙"名称之来历更是众说纷纭,每一种说法都有一个有趣的故事,并且流传千年,这不都是历史和文化吗!而我恰恰不赞同古人的猜测,有我自己的见解,这也许就是本小册子的特点,一方面引经据典,介绍上海古镇名邑的故事,其名称的来龙去脉,另一方面,重新考证前人的谬误,订正古籍的不足,虽有点"狂妄自大",但这也是治史者应该和必须有的态度。

古代中国是一个农业大国,城市自治的概念十分薄弱,近代以后,上海城市近代化的进程飞快,尤其是进入20世纪后,西方的"大市"(great city)计划对上海产生很大的影响和作用,城市面积的扩大,使上海及周边的"镇"渐渐被城市淹没。进入21世纪初,上海的市区规模更进一步拓展,中国相关的行政法规定,直辖市以下不再设立市,上海市只得采取变通的办法,除了崇明县以外,原来的全部郊区县改组为"区",这相当于此前的城市区域的行政区划名称。根据规定,区以下的已经完全或大部分已经城市化的地区应该设立"街道",于是,首先已经划入市区的"镇",开始撤销"镇"的建置,设立"街道"。一些"镇"改称"街道",如原江湾镇改称为江湾镇街道,有更多的镇也名存实亡,而随着镇的消失,许多被称之为"镇"的地名面临逐渐淹没的前景,而历史地名的消失,就是历史、文化的流失。如今,相关部门对古镇名邑的历史文化保护十分重视,希望本书为发掘上海地方历史,保护上海历史地名上能起一点作用。

目 录

1 前言

1 先有青龙镇 再有上海县
9 清浦与青浦
16 江南古镇朱家角
23 松江何以有"昆山"
30 从吴淞江到松江城厢镇
37 以年号得名的嘉定
43 白鹤南翔留名基
49 金山有山
59 从白牛村到枫泾镇
69 顾野王与亭林镇
76 敬奉贤人说奉贤
83 三世修来住闵行
88 宝山无山
94 "江湾"到底在哪里
101 "崇明"是个吉祥词
107 华亭鹤唳说下沙

116　三林塘镇是"本地"

122　随盐业兴衰的新场古镇

129　白莲泾与浦东的白莲教

136　高桥有多高

141　洋泾浜与洋泾镇

149　浦东沈庄和拨赐庄

153　从芦潮港到南汇新城镇

158　法华禅寺与法华镇

165　徐光启与土山湾

173　江边三镇北、诸、纪

181　以寺得名的七宝镇

189　曹家渡与曹氏宗族

196　真如的管弄

205　沪东名镇引翔港

先有青龙镇　再有上海县

《说文解字》:"镇,博压也。从金,真声。"也许释文中有一"博"字,而后来的"镇"字与"博"的关系不大,令后人对"镇"字的本义也不敢妄下结论。如清段玉裁《说文解字注》:"博,当作簙,局戏也。压,当作厌,笮也,谓局戏以此镇压,如今赌者之有桩也。未知许意然否?""桩"就是木桩,古代赌博中称庄家为"桩",赌博中赌徒来自各方,是流动、变化的,只有庄家是像"桩"一样固定不变的,于是叫做"桩",后多写做"庄"。不过,段玉裁对自己的释文也表示怀疑,所以又加了一句——"未知许(即许慎,汉代的文字学家,《说文解字》的作者)意然否?"

"镇"的主要意思是"压"是没有问题的,书画家们用来压纸的文具叫"镇纸",今天冷冻后饮用的饮料食品讲做"冰镇",最常用的词就是"镇压"。古代,为了抵御外族入侵、边民暴乱,就在边疆的要塞、重地派重兵守卫,任务就是镇压入侵者、暴乱者,这种地方就叫做"镇",大概到北魏形成制度。北魏的镇大致分作二大类,一类设在尚未划归某行政区的边疆,于是,镇将既是这里的军事长官,亦兼任民政长官,有点像今日所谓的"军政府";另一类就是设在某行政区的要塞,那么,这个行政区的行政由刺史、太守之类的官吏掌控,镇将则就是该地区的驻军、地方部队的首领。这种制度延续了较长一段时期,虽制度、称谓有所变动,但基本制度不变。到了北宋初,为了加强王权,除了在一些特殊的地方保持原来"镇"的制度,原先的"镇"的管理悉归于县,于是,"镇"就成了县以下人口密集,有一定商业活动的"市镇",如宋高承《事物纪原·库务职局》中讲:

民聚不成县而有税课者,则为"镇",或以官监之。

也就是讲,在一个县里,人口密集,有商业活动,并应该征税的地方,可以设立"镇",大的镇可以派县丞,相当于副县长驻在那里,小的镇可以由县丞代管,或派官吏驻镇管理,于是,"镇"就从原来的军事、半军事机构向民政、行政区划、单位转移。今天,中国的"镇"大多是一个独立的行政区划名称或单位。

今青浦区白鹤镇东南约五里处有地曰"旧青浦",该地在明朝建青浦县时曾为县政府所在地,故名,而它原来的大名为"青龙镇",据明《正德松江府志》卷十四中称"青龙镇,在青龙江上,天宝五载置。建镇之年,出《青龙赋》。"明《嘉靖上海县志·卷六·古迹》也讲:"青龙镇,唐天宝五载建,有将,有副职为防御。至宋祥符,以镇将理财。景祐,以文资镇监。"如果这一记录无讹的话,那青龙镇就是今天上海市在历史上出现的第一个"镇"的建置。它最初也是一个军事单位,由镇将兼理民政和财政,到了宋景祐年间,才启用文官监镇。

上海地区出现的第一个独立建置是华亭县,建立于唐天宝十载,即公元751年,而青龙镇建于唐天宝五载,比华亭县还早了五年。但是,在明正德、嘉靖之前至少还有宋《绍熙云间志》和《弘治上海县志》,该二《志》均没有讲青龙镇建于"唐天宝十载",在其他明朝以前的著录中也不见有此类的记录,于是,不少学者认为青龙镇建于"唐天宝五载"的说法缺乏依据,是明朝人有意篡改的。这是一个工程庞大的考证,我不便在本书中说,故略。

《绍熙云间志·卷上·镇戍》中讲:

> 华亭襟带江海,上而吴、晋,近而吴越,尝筑城垒,置防戍,所以控守海道者至矣。今沿海镇、寨,倍于他邑,是亦捍置上流之意矣。

就是讲,华亭北枕吴淞江,东濒大海,是海上进入内地的主要航道,从海上入吴淞江,溯江而上可以直接抵达东南重邑苏州,于是,早在三国的东吴、东晋,就在吴淞江沿线设立军事要塞,派驻军队,以防御和打击从海上入侵的敌军、海盗,而如今,这一带的镇、寨之类的军事机构或设施仍多于其他地方,其目的仍是保卫东南的安全。《云间志》接着讲:

> 青龙镇,去县(指华亭县,即今松江城厢镇)五十四里,居松江之阴,海商辐辏之所。镇之得名,莫详所自。唯朱伯原《续吴郡图

经》云：昔孙权造青龙战舰，置之此地，因以名之。国朝景祐中，置文臣理镇事，以右职副之。今止文臣一员。政和间，改曰"通惠"。高宗即位，复为"青龙"云。

早期的"镇"是指有驻军的地方，它不是行政区，不必非得有一个地名，称之"××镇"，如江西的景德镇，它很早就有军队驻扎，但后人谁也不知道这里的地名，有了军队的营房，就容易聚集人口，发生商业行为，到了北宋景德年间，这里就划定为行政镇，就以年号命名为"景德镇"。同样，今上海地区的青龙镇最初是设在吴淞江南岸（中国地名习惯，山之南为阳，水之南为阴，引文中"居松江之阴"就是"在吴淞江南岸"的意思）的军事单位，不必非得有地名，吴淞江是大海通往内地苏州的主要水道，所以，驻扎在这里的军队又兼管航务和税务，成了"海商辐辏之所"。这里是何时被叫做"青龙镇"，以及为何被叫做"青龙镇"，谁也

青龙古寺

不知道,也许,一本叫《续吴郡图经》的书中讲,三国东吴时孙权曾把"青龙战舰"放到这里,以增加此地的兵防能力,于是被叫做"青龙"或"青龙镇"吧。到北宋景祐年间(1034—1038年),其军事上的作用、地位下降,而商业上的作用和地位上升,政和年间一度改称"通惠镇",所谓"通惠"就是"互通互惠",也就是"通商"的意思,并启用文官制度,以文职为镇监,武职为副官,到南宋初年,又重新使用"青龙镇"名。所以,我认为,青龙镇的名词出现于唐朝或更早是完全可能的,只是它只是一个军事营地,为史志所不载,为后人所不知而已,但至迟在唐末或吴越国时代,青龙镇之名已日显。

《云间志》猜测,"青龙"之名称可能与三国东吴孙权在这里设"青龙战舰",这是一种说法,还有有趣的故事。明《正德松江府志》以为"建镇之年,出《青龙赋》",也就是讲,就是在唐天宝五载置青龙镇时,当时有人写了一篇《青龙赋》,很出名,于是就以该《赋》取名为"青龙",可惜,《松江府志》没有收录这篇《青龙赋》,倒是明《万历青浦县志》收有《青龙赋》,通篇与青龙镇无关,也不知道是真的还是后人杜撰的。我想,中国古代的东、南、西、北方向各有一个守护神,依次是青龙、朱雀、白虎、玄武,合称"四象"。古代测绘水平很低,对方位、地理位置的概念是很模糊的,在唐朝或更早,青龙镇离大海不远,至少这里是这一地区最东边的一个镇,而且是一个兵营,承担防御从海上入侵的敌军、海盗,人们以东方之神——青龙作为镇的名称,应该更合情合理。

今旧青浦尚有青龙塔,是始建于唐天宝二年的报德寺塔,《上海文物博物馆志》讲:"青龙塔建于唐长庆年间(821—824年),宋庆历年间

建于唐代的青龙塔,现为市级文物保护单位

(1041—1048年)重建,随寺名称隆福寺塔。元大德三年(1299年)宣慰使任仁发捐款修塔,未能完工,致和元年(1328年)任仁发子贤德继续助款修葺,至正三年(1343年)仁发孙士质再捐款完成祖父之愿……",该塔于1962年公布为上海市文物保护单位。报德寺和塔在原青龙镇中,而该塔至今尚在,我们就可以轻易找到青龙镇旧址。2010年和2012年,上海博物馆考古研究部对青龙镇进行规模性发掘,出土唐宋时期器物两千余件,并找到唐宋时期作坊遗址,还找到一唐代铸造作坊遗迹,出土器物中有不少是唐代湖南窑口的古瓷,这至少可以证明,唐朝时,青龙镇的商业已达到相当的水平。

北宋初,在杭州设立两浙市舶司,是海上及内河航运、贸易的管理、征税机构,在各埠头设分司,华亭市舶司就设在青龙镇,进一步促进青龙镇的发展。《云间志》中收有北宋元丰五年(1082年)陈林撰《隆平寺经藏记》,曰:

青龙镇,瞰松江上,据沪渎之口,岛夷、闽、粤、交、广之途所自出。风樯浪舶,朝夕上下,富商巨贾,豪宗右姓之所会。其事佛尤盛。方其行者,蹈风涛万里之虑,怵生死一时之命;居者,岁时祈禳,吉凶荐卫,非佛无以自恃也。

位于吴淞江口的青龙镇,是与沿海浙江、福建、广东、广西水上航运的要道,每天有海船进入此地,水上航运风险很大,居住在陆地的人也祈祷平安,只有佛能保佑平安,于是大家出资做佛事。《松江府志》收有《灵鉴宝塔铭》,也讲青龙镇,"自福建、漳、泉、明、越、温、台等州,岁两至;广南、日本、新罗岁或一至。"中国沿海各地的船一年可以二次往返青龙镇,而越南、日本、朝鲜等外国船一年也可以一二次往返青龙镇,如加上内地外销和从青龙镇分销到各地的货物的船只,青龙镇确实是一个繁忙的港口。宋朝,华亭县隶秀州(治在今嘉兴市),秀州共有九个税场,宋熙宁十年(1077年)商税总额为65 426贯,其中青龙镇为15 879贯,约占25%,其在秀州的地位显而易见。青龙镇很富裕,于是镇内有三亭、七塔、十三寺、三十六坊,城镇人口超过万人,当时有"小杭州"之称。

不过,到了南宋中期以后,青龙镇开始衰落。原因很多。其一应该是吴淞江的淤塞和改道,青龙江原来是在"松江之阴",也就是吴淞江的北岸,宋室南迁临安(杭州)促进了江南经济发展和人口增长,而人口增长又造成可耕田不足的困惑,于是民间出现"向荒滩要地"的行为,当滩地被垦成耕地,或在滩地大量种植水生植物,又使江身变浅变窄,水流量不足又加速河道的淤塞,而青龙镇又是人口稠密区和码头作业区,淤塞情况更为严重。宋朝的水利工程中,就在青龙镇更北的地方挖一大河,使它替代原来青龙镇附近的吴淞江旧河道,这一水利工程完成后,就使青龙镇不再在"松江之阴",而在吴淞江南三公里的地方;那条吴淞江的旧河道则改称"青龙江",再疏浚青龙江,确保其能正常通航,在《宋史·河渠志》中有记载,如"时又开青龙江,役夫不胜其劳","开浚吴淞江、青龙江,役夫五万,死者千一百六十二人,费米钱十九万九千三百四十一贯。"这种办法,治标不治本,到了南宋中年,青龙江淤塞日益严重,每年用于疏浚河道的费用几乎等于青龙镇的税收,于是,疏浚河道要发生困难,船进到青龙镇就日益困难。

另一种说法见于《青浦县志》,由于船只进入青龙镇困难,航运周期延长,成本提高,于是商船大多改驶明州(即宁波),商人也大多向明州转移,但华亭的市舶提举司仍设在青龙镇,这里养了一大批官吏,白拿工资还不算,还经常在地方闹事,有人上书建议撤销这个机构,于是在宋乾道二年撤青龙镇市舶司,并迁明州,后来又迁上海。

明嘉靖二十一年(1542年),析华亭县的两个乡和上海县的三个乡置青浦县,县治就设在青龙镇,也许由于当时建青浦县的准备工作不够,而这个青龙镇又在青浦县的最东北角,于工作十分不利,仅十年后,即嘉靖三十二年又撤销了青浦县建置。又过了几年,万历元年(1573年)又恢复建立青浦县,但把县治迁到了当时的唐行镇,也就是现在的青浦城厢镇,于是,原青龙镇被人们叫做"旧青浦",并沿用到今天。从此以后,青龙镇就衰败了,今天,除了一座青龙寺塔可以告诉人们青龙镇曾经的辉煌,附近还有一个"青龙村"的村落,其他似乎一无所有了。

清浦与青浦

青浦区位于上海市西南部,全区面积670平方公里,其中水域面积145平方公里,占总面积的22%,是典型的江南水乡,鱼米之乡。青浦区的前身是青浦县,1999年12月,经国务院批准,撤销青浦县,建立青浦区。

唐天宝十载(751年)设立华亭县,隶苏州府,这是上海地区出现的

青浦城隍庙

第一个独立的县的建制。宋代，华亭县改隶秀州，相当于今天的嘉兴地区。随着江南人口的增长，元至元十四年（1277年），升华亭县为华亭府，次年改称松江府，府下只设一个华亭县。十几年后，即至元二十九年（1292年）又分华亭县东北的高昌、长人、北亭、海隅、新江五个乡置上海县，从此，松江府下辖华亭和上海二县。又过了250年，即明嘉靖二十一年（1542年），又分华亭的两个乡和上海县的北亭、海隅、新江三个乡建青浦县，是松江府下辖的第三个县。不过，青浦县建立仅十年就撤销了。又过了若干年，即明万历元年（1573年）又重新设立青浦县，县治也由原来的青龙镇迁到唐行，也就是今天的青浦城厢镇。于是，留下了许多历史问题难以理解，如"青浦"这个名称是怎么来的，它为什么建立后即撤销，为什么不久又重新建立，青浦的县政府当年设在青龙镇，为什么要迁到唐行镇等。

在《先有青龙镇　再有上海县》一文中已提到，青龙镇扼吴淞冲要，从唐朝开始，这里就是苏州与中国沿海以及日本、朝鲜水上航运、贸易的集散地，到了宋朝，青龙镇的繁华达到鼎盛期，但进入南宋后，由于江南经济发展和人口增长，耕田不足的现状日益严重，百姓只得"向滩涂要地"，围垦江滩或利用江滩种植水草，使吴淞江岸变窄，河床变浅，吴淞江水流不足又导致淤塞。何良俊（1506—1573年），华亭（今上海市松江区）人，字元郎，号柘湖居士。嘉靖中以岁贡入国学，授南京翰林院孔目，博学多才，著作甚丰，《明史》有传。其《四友斋丛说·卷十四·史十》中对青龙镇的历史、兴衰作了概括，说：

  青龙,自唐宋以来,是东南重镇也。相传有亭桥六座。亦通海舶,由白鹤江导吴淞出海。宋时设水监于此,盖以治水利兼领海舶也。宋时卖官酒,酒务亦在此;江南所卖官酒,皆于此制造。入我朝(即明朝)来,水道湮没,而此地遂为斥卤矣。

显然,从元朝以后,由于吴淞江淤塞,海船难以顺吴淞江到达青龙港,航运、贸易衰落,到了明朝以后,青龙镇彻底衰败了。但是,在此之前,导入青龙镇及附近的人口不少,使这里成了人口稠密区,古代,建县的重要参数就是人口,我想,嘉靖二十一年分华亭二乡、上海三乡建青浦县应该出自这个原因。

关于"青浦"名称未见明确的说法,2011年出版的《青浦区地名志》在"青浦区"条中释:

  建县初,县治设青龙镇(今白鹤镇旧青浦)。因附近有青龙江(青龙港)、浦家港(西胜塘)而以青浦作县专名。另一种解释说是青龙镇的"青"字和赵屯、大盈、盘龙、顾会、崧子五浦的"浦"字取专名。

《青浦区地名志》也是归纳了前人对"青浦"地名来历的说法,当然还是有一定道理的。前文提到的华亭人何良俊生于1505年(明弘治十八年),卒于1573年(明万历元年),其著《四友斋丛说》初刻于1569年(明隆庆三年),不论是《四友斋丛说》的刻印时间或何良俊逝世的年代,均在明嘉靖二十一年(1542年)青浦第一次建县之后,和明万历元年(1573年)重新建青浦县之前,在他的著作中多次提到"青浦",不过,全部写作"清浦"。《四友斋丛说·卷十四·史十》中说:

> 初,立清浦县时,余偶至南京,即往拜(顾)东桥。东桥问曰:贵府如何又新创一县。余对以青龙地方近太仓州,离府城甚远,因水利不通,故荒田甚多。有人建议,以为若立一县则居民渐密,水利必通,而荒田渐可成熟矣,故有此举。东桥即应声言曰:如此,则当先开河,不当先立县。毕竟立县后,水利元不通,而荒田如故,县亦寻废。乃知前辈论事皆有定识,不肯草率,轻有举动也。

从行文分析,何良俊应该是在嘉靖二十一年建青浦县后去南京,与顾东桥谈起建青浦县的事,过了一段时间,也就是嘉靖三十二年撤销青浦县后才记下了这段文字。但文中的"青浦"写作"清浦",又如他又在其他的文章中讲:"今清浦县既立不成,当奏复水利通判,于青龙镇设一衙门,令其住扎"。"青浦"也作"清浦",我想,"青浦"写作"清浦",不致于误刻,而当初设立的就是"清浦县",其原因很简单,"清浦县"治就设在青龙镇,一条叫青龙江的大河流经此地,设"清浦县"的目的就是希望利用行政区的组织来疏浚这里的河流,使江水大一点,多一点,于是在"青"旁加"水"而成"清浦县"。就如"松江"一样,当时的水流量太小,蓄水量不足,使太湖流域旱情严重,于是就在"松"旁加"三点水",

把"松江"写作"淞江""吴淞江"。事实也是如此,早期的汉字中没有"淞"字,就是有了"吴淞江",汉字中才多了一个"淞"字,你可以在任何一本字典查阅,这个"淞"字除用于"吴淞江"及相关的地名外,几乎没有任何意义。同样,当吴淞江淤塞严重,当雨季来临,吴淞江不能及时将太湖洪峰排入大海,太湖流域被淹而成水乡泽国,人们希望吴淞江的水小一点,少一点,又把吴淞江改为"松江","松江府"地名来历就与此有关。我想,当时人希望青龙江的水流大一点,多一点,才在"青"旁加"三点水"而成"清浦",不仅合理,而且有趣。当然,这也是我一家之言,是否妥当,尚待大家祈正。

由于组织工作仓促、草率,青浦县在成立后十年,即嘉靖三十二年(1553年)就撤销了,青龙镇从邑城又恢复为镇,原来被撤销的负责水利工程的"水利通判"恢复建立,也许是听从了顾东桥"当先开河,不当先立县"的建议,加强了这里的水利建设,于是到万历元年,即公元1573年又重新恢复建立青浦县建置。潘允端是明朝上海人,官至四川右布政使,相当于今天的四川省省长,上海的豫园就是他自己建造的私家花园。他撰有《青浦建城记》,说:

嘉靖壬寅(即嘉靖二十一年),议郡北(即松江郡城之北)青龙镇置青浦邑,鼎治为三分治之。未数载,以治工不兴,邑废。隆庆壬申(即隆庆六年,公元1572年)秋,当官论之,复焉。

第二年,即万历元年(1573年)调原相城知县石继芳为青浦知县,并到任,他认为,青龙镇位于青浦县北端,不利于县政府开展工作,于是"择境内古聚唐行镇为县城",并开始县城建设。《清嘉庆一统志》中说:

> 唐行镇,今青浦县治,本上海县地。旧志:"元初有大姓唐氏居此,商贩竹木,遂成大市。"明初,置新泾税课局,徙治于此。万历元年,于此置县。

实际上,在青浦县治迁唐行之前,上海县的一个大粮食仓库——"西水次仓"也设在唐行镇,唐行镇在明朝中年就是一个大镇,而它又位于新建立的青浦县的中心位置,这个选址还是比较合理的。

当青浦县治迁到唐行镇后,青龙镇就彻底衰败了。屠隆(1542—1605年),鄞县(今浙江宁波)人,字长卿,号赤水,著名文学家。明万历五年进士,放官青浦知县。也许是元朝著名书法家赵孟頫当过青龙镇镇监,又也许青龙镇曾是繁华之地,他曾多次踏访青龙镇,也留下了一些诗文,其中有:

> 昔日鸣驺里,今为牧豕场。
> 田夫耕旧县,山鼠过颓墙。

"鸣驺"就是马叫,指古代随从显贵出行的仪仗中的马队走卒,后多喻达官显爵、巨商大贾,昔日歌舞升平的青龙镇,已经成荒芜之地。2013年我应友人之邀出席"青龙镇文化研究会"的成立大会,该研究会得到当地一家木工工具厂的资助,该厂厂长叫俞敏,是山东人,在上海的大学毕业后在青浦创业,有志于上海地方历史文化的研究,希望为上海文化作贡献,还写了一本《阿拉青龙镇》的小说。此为善举,但令上海人汗颜,你说是吗?

江南古镇朱家角

朱家角镇位于青浦区中南部,是中国历史文化名镇之一,也是上海郊区主要的旅游景区。古镇坐落在苍苍九峰北麓,茫茫太湖之滨,淀浦河(旧名漕港)横贯古镇,水流纵横,河渠密布,最具江南水乡特色;古镇内的一桥、一寺、一庙、一厅、三湾、二十六弄等历史文化遗迹和景点,更吸引无数的游客。所谓一桥,就是始建于明隆庆五年(1571年)的慈门寺桥,即放生桥,是江南地区最大的五孔石桥,一寺即始建于明代的报国寺,一庙即朱家角城隍庙,一厅即上海报业巨子席裕福(子佩)席家花园的厅堂,三湾即古镇老街的三阳湾,桥子湾和弥陀湾,老街依水而建,街道水湾,形成江南水乡特有的景观,而二十六弄则指老街犬牙交错的古巷幽弄,最具古镇特色。

实际上,"朱家角"只是俗地名,它在历史上的名称为"珠街"、"珠街里"、"珠街阁"等,如《清嘉庆一统志》:"朱家角镇,一名珠街镇,在青浦县西十里,商旅辐辏,称巨镇。"《光绪青浦县志》:"珠街阁,俗名朱家角。"

水乡朱家角

今朱家角放生桥南堍东侧还有一通刻于清嘉庆十九年(1814年)的《重建放生桥记碑》，碑文清晰可见，文曰：

> 放生桥在昆山、青浦两邑之界，北跨井亭港，南跨珠街里，为明隆庆年间慈门寺僧性潮所建。今岁久渐就倾圮。桥为两县往来孔道，一时担簦蹑屩之侣咸惕然，抱颠越覆溺之虞。圆津禅院住持觉铭大师愀然□之。谋之同志，无不翕应。于辛未夏鸠工，壬申腊月工竣，计费白金万一千二百有奇。癸酉九月，余过圆津，见夫虹影卧波，云物蓊蔚。觉师请为之记。夫九月除道，十月成梁，垂诸夏令，泽不陂障，川无舟梁，单子所讥。况有其举之，勿为绍之，其何以求哉。休茫里同乎，是则觉师之不辞劳瘁，诸同志之利济是邦者，皆可记。

嘉庆十九年甲戌闰月吴县潘奕隽撰并书吴县朱安山镌

历史上的漕港（即今淀浦河）是一条较宽的通航河道，是昆山县和青浦县的界河，河南的青浦县珠街里有一慈门寺，为方便河北的昆山县民进庙烧香，早在明隆庆年间，僧人性潮就募资在漕港建了一座桥——放生桥，桥的南面跨珠街里，即今朱家角镇，北面跨井亭港，就是今天的井亭街，到了清嘉庆年间，由于年久失修，这座放生桥垮了。此时，原来的慈门寺也荒废了（据考证，慈门寺旧址在今朱家角人民医院住院部一带）。于是由圆津禅院住持觉铭大师募资一万二千余两重建，于嘉庆辛未(1811年)动工，次年冬竣工。漕港很宽，又是那里一带的主航道，所以桥建为五孔石拱桥。造如此宽的石拱桥难度很高，据说，当年为桥打桥基时，因水流湍急而多次失败，当人们一筹莫展时，忽然来了五个乞丐，他们对桥工说："要造桥基，芦苇生处"，说罢就将五颗

朱家角的五孔石桥

果核扔进河里,河面上就出现五根芦苇,桥工就在五根芦苇处打桥基,不久,桥就合龙了。不过,五孔石拱桥在水中只有四处桥基,反正这是民间传说,信不信由你,也不必太认真。在放生桥建成后,这里就成了两岸往来的孔道,是商业的好市口,今放生桥南堍东侧还有一通刻于放生桥建成后昆山县知县立的《放生桥永禁碑》,说:

> 为此示附近居民、地保人等知悉,查桥现已合龙,第桥成之后,恐有土丐流民停宿煨饭,及贩牛牧牛之人拴系桥上,两堍左右始则搭棚,继则占盖瓦屋,或贪小利淘沙捕鱼,肆行作践,致桥梁易毁,不得不预为禁止。自示之后,如有无知棍徒,仍蹈前辙,许尔该绅耆及附近居民人等,立即指名禀究,倘该保故纵徇庇,定予严处,毋违!特示。

中国古代,经地方长官批准的勒石就是地方法规,看来,在放生桥即将竣工时,地方就考虑到对桥的保护,以及周边环境的治理。据《放生桥永禁碑》中记,放生桥是"(嘉庆)十七年(1812年)九月二十二日合龙",至今已二百余年,放生桥基本保存完好,这应归功于当年建桥的质量和地方对桥的管理和养护。

  放生桥是市级文物保护单位。石拱桥会有石块的接缝,接缝中会积累尘埃泥土,一旦有植物种子进入,也会在这里生长。约十几年前,当时的上海市文物管理委员会发现放生桥的中部石缝中长了几枝石榴树,顽强的石榴在石缝中长势良好,躯干越长越粗,也使石缝越绷越开,对桥的安全带来影响,于是计划铲除石榴树,修缮放生桥,此举想不到会遭到当地不少老人反对,他们认为"石榴——石留",就是因为石桥上长了石榴树,才留住了石桥,如将石榴树铲除了,那桥也留不住了。当然,文管委和当地政府做了工作后,放生桥的修缮得以正常进行。

席姓是少数姓氏,上面提到的清嘉庆《重建放生桥碑记》中记录了当时建放生桥的主要捐款人,排名第一的是席恒世,其下还有席存哲等。如此看来,席氏应该是清代中期朱家角的望族。我没能找到朱家角席氏宗谱,以及其他的著录。今朱家角尚保存席家住宅的仪门,其做工之精,堪称江南第一。席裕福(?—1929年),字子佩,即青浦朱家角席氏后人,他的哥哥叫席裕祺(子眉),早年在英国人美查(Frederick Major)创办的《申报》馆任经理,病故后,由他继任。约1890年美查回国,席裕祺实际掌控《申报》,而《申报》又是中国报业巨擘,当然席裕福就是清末中国报业巨头。1909年,席裕福又收购了《申报》,1912年,席氏资金周转失灵,史量才趁机买下了席氏的部分股权,后来史量才又私下买进了分散在小股东手中的股票,而成为《申报》的掌门人,并对《申报》的人事及版面作了大规模的调整,其目的就是将席氏排挤出《申报》馆。无奈之下,席氏只得将自己的股票以二十万元的价格卖给史量才,正式退出《申报》后,另行创办《新申报》。《新申报》难以与《申报》竞争,席氏以经营亏蚀而停歇,于是告老回乡,在朱家角开办朱(家角)安(亭)线轮船,在井亭港开办阜丰永碾米厂等。约1949年,席氏家族大多迁居海外。

在席裕祺任《申报》馆经理时，协助美查在上海成立"点石斋石印书局"，1884年5月8日，中国第一份联系时事，以图像配合新闻进行报道的《点石斋画报》出创刊号，每旬出版，附属于《申报》，并随《申报》发行。当时尚无法将照相直接印到报刊上，《点石斋画报》聘著名画师吴友如等绘画，再用照相技术制作石版，石印出版，于1898年终刊，发行时间长达十四年，总出版图文并茂的画片六千余帧，成为此一时期留下的不多的生动画面，是研究中国该时段历史、文化、风俗的珍贵资料。在国外的汉学家中，《点石斋画报》研究已成为重要课题和专门学问。《点石斋画报》只见刊物，未见原稿，而这些原稿就藏在朱家角席氏家中，20世纪50年代，席氏后人生活艰难，即以每帧两元的价格，将珍藏的《点石斋画报》原稿买给当时的上海市历史与建设博物馆，今由上海市历史博物馆珍藏，并被该馆视为"镇馆之宝"。无人知晓这个故事，也许，朱家角应该利用这个故事，以及《点石斋画报》来提升自己的文化品质。

圆津禅院的旧址今为朱家角镇房管所仓库，在仓库的墙上还嵌有一方刻于清光绪十八年（1892年）的《重建圆津禅院大殿记碑》。碑高三十厘米，长六十厘米，字迹清晰，碑文起首即说："我乡圆津禅院，亦珠溪之一胜景，始建于元至正间"。据考证，位于放生桥南堍的慈门寺也建于元代，明隆庆年间，慈门寺的僧人还募资建造了放生桥，如以此为据，朱家角古镇的历史也许可以追溯到元代，明清成市。不过，朱家角真正的发展期应该是进入近代以后。1843年上海开埠，在并不算太长的时间里就发展成为拥有百万人口的都市。上海城市供应的粮食、副食品主要依赖上海周边的农村,而朱家角处水运要冲,周边农村出产的粮食、副食品在这里集中后运往上海,而上海的商品也运输到朱家角,再分销到周边地区,才真正生成了古镇朱家角。顺便补一句,漕港,即今淀浦河本是昆山与青浦的分界河,建国后,漕港以北的部分区域划归青浦,所以,如今的淀浦河已经不是界河了。

松江何以有"昆山"

上海地区属江苏水乡的苏南平原,一马平川,一望无际,不过,在上海市西部的松江区境内,星散分布一些小山包,最高者为佘山,海拔九十二米,而低的仅二十余米,这些山可能在其他地方叫做"圩"或"冈",上海地区无山,这些山包当然就是山啰。现代的地理学家认为,

民国初拍摄的松江全景,远处群山起伏

上海的山是浙江天目山脉的余脉,古人似乎也是这样认识的,如《松江府志》称:"诸山自杭天目而来,累累然隐起平畴间。长谷以东,通波塘以西,望之如列宿,排障东南,涵浸沧海,烟涛空翠,亦各极其趣焉,而九峰之名特殊。"松郡的小山包大概有十三处(因对多少高度的包才能称之"山"的观点不一,于是才出现上海有多少山的不同见解),而最出名的有九处,于是此一带就被叫做"九峰"。"泖"是一种一头受堵的大河,据记载,历史上的上海地区有分别叫做大泖、长泖、圆泖的河,除了今天黄浦江上游叫做"泖港",今青浦区有一泖塔外,经沧海桑田的大自然造化,这些泖已经消失,实际上也难以考证其确切的位置、走向,本书省略不论。但此"三泖"与"九峰"均为古代上海的别称,"三泖九峰"更多见于文人诗文。如清丁宜福《申江棹歌》:

茸城北望翠痕浓,屏障玲珑列九峰。
雨后天开图画好,参差朵朵碧芙蓉。

古代松江产鹿,故别称"茸城",简称"茸"。顾翰《松江竹枝词》:

侬家爱住九峰前,一色烟痕列障连。
雨过云开天不朗,芙蓉朵朵起楼边。

明吴履震《五茸志逸》中说:"吾松之山,机、云以古贤为名,钟、贾、薛、佘以居人姓为名,唯南干北干,以山之形为名,凤凰、天马以鸟兽为名,神山,原名辰山,在诸山之东南,次于辰位。今作神者,讹也。"对"九峰"的山名作了解释,其中机山和云山就是以"西晋二陆"的陆机、陆云昆仲取名的。在松江城厢镇西北约十公里有"小昆山镇",始设于1912年,初名小昆山乡,1947年改昆冈乡,1993年更名为小昆山镇,镇以附近的一座小昆山得名。山高54.3米,南北长约五百米,东西宽约四百米,山体为花岗岩。明吴履震没有将其列入"九峰"之一,今人亦称其"九峰之尾"。清凌岩《九峰》诗:

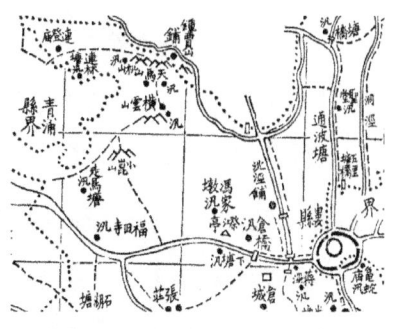

1895年娄县地图,小昆山在娄县城西北

九峰西峙北昆仑,晋代将军墓尚存。

今日扪萝登绝顶,桑丘麦垄自村村。

黄素《九峰歌》:

精金百炼光熊熊,昆山殿处烟波东。

影落泖水惊鱼龙,将军墓左斜阳村。

小昆山原名昆山,也叫昆仑山。众所周知,中国的昆仑山是著名的大山脉,又叫做"昆冈",西起帕米尔高原东部,横贯新疆、西藏间,向东延伸至青海境内,长约 2 500 公里,昆仑山产玉,今新疆和田玉就是昆仑山产的玉的一种,于是昆仑在汉语中也常比喻玉的产地或质地精美的玉。《晋书·郤诜传》中讲了一个故事:郤诜文才出众,又擅长写奏折之类的公文,一次,晋武帝问他,你自以为学问如何,那郤诜回答说:"臣举贤良对策,为天下第一,犹桂林之一枝,昆山之片玉"。于是,"昆山片玉"成为成语,比喻珍贵稀有之物,或喻人才难得而可贵。

《绍熙云间志》中记载,唐询在北宋明道二年(1033 年)任华亭知县,任期内,归纳了华亭的历史古迹和风景写了《华亭十咏》,每诗前有序,其中《昆山》诗:

　　昔有人如玉,兹山得美名。
　　岩扃锁积翠,谷水断余声。
　　乔木今无在,高台久已倾。
　　如何嵩岳什,独咏甫侯生。

诗序曰:

　　华亭谷东二里,有昆山。陆机祖葬于此,因生机、云。时人以昆山出玉,因此名山,以美机、云焉。

大意讲:在华亭谷东二里,有一山叫昆山,陆机的祖茔就在这山上,于是才生出了"昆山片玉"的陆机、陆云兄弟,所以人们把这座山叫做"昆山",以赞美"陆机、陆云"。从这段文字可以知道,唐询认为是陆机、陆云以后,这座山才被叫做"昆山"的。

《绍熙云间志》中也认同这一说法,说:

> 昆山,在县西北二十三里。高一百五十丈,周围八里。陆机《赠从兄士光车骑》诗云:"仿佛谷水阳,婉娈昆山阴。"注引陆道瞻《吴地记》,曰:海盐县东北二百里,有昆山,陆氏父、祖葬焉。《舆地广记》云:昆山,陆氏之先葬此,后机、云兄弟有辞学,时人以"玉出昆冈",因名之。按征北将军陆祎墓,今在山颠。

不过,如认真思考,在陆机自己的诗中就提到自己的家在"昆山阴"(中国地名用词习惯,山之南为阳,山之北为阴,"山之阴"就是"在昆山北面"的意思),也就是讲,陆机在世的时候,昆山的地名已经存在了,不见得是因为这里出了"昆山片玉"的陆机、陆云兄弟,人们为赞美他们而把这座山叫"昆山"。

西晋文学家潘尼,字正叔,是与陆机同时代的人,他有《赠陆机》诗,其中有:"昆山何月,有瑶有珉。穆穆伊人,南国之纪",诗中的"昆山"未必是西域的昆仑山,而就是陆机家乡的昆山,也证明上海地区的昆山山名在陆机活着的时候已经存在了。至于该山何以被叫做昆山,确实难以知道了。

今天,与上海市西北相邻的是江苏省昆山。昆山属苏州,南朝梁朝时置县,区域很大,唐天宝十载(751年)析昆山之南境,嘉兴之东境,海盐之北境置华亭县。南宋嘉定十年(1217年)又析昆山县之东境置嘉定县,而宝山又是从嘉定县分出来的,所以,今天上海市的大部分区域在唐朝是属于昆山县的。这个"昆山"的名称来历范成大《吴郡志·卷三十五·郭外寺》中讲:"昆山县慧聚寺,在县西北三里昆山,一名马鞍山。世传,殿基乃梁天监中鬼工所造"。文后还讲:"山后掘地多得奇石,玲珑纤巧,好事者甚贵之,号昆山石。"当然,《吴郡志》讲的这个"昆山"就是今昆山市的昆山,它的形状像马鞍,于是也叫"马鞍山",这座山里也有一些好的石头,"好事者甚贵之,号昆山石",也就是讲,这种石头并不是玉,只是喜欢它的人把它叫做"昆山石",如此看来,今昆山市的昆山与"玉出昆冈"是没有关系的。

《松江府志》在"昆山"下释:

> 梁置昆山县,在此山之北,后迁县治于马鞍山下,俗遂指马鞍山为昆山,而以此为小昆山。

顾炎武《读史方舆纪要》在松江府昆山条下说:

> 萧梁置昆山县于山北,唐天宝中置华亭县,始移治马鞍山下,为昆山县。土人以此为小昆山。误也。

《松江府志》认为梁朝置昆山县时,县城就设在今天松江的小昆山,唐天宝十载,分昆山县之部分设华亭县时,原来的县治废了,新的昆山县治迁到马鞍山下,于是,原来的马鞍山就被叫做"昆山",而在华亭县的昆山就改称为"小昆山"。这个分析和解释似乎很合理、有趣,但顾炎武的《读史方舆纪要》认为这一观点是不正确的,是错误的。顾炎武是大师,赞同这一说的人也很多。

我想,华亭之得名至迟在三国东吴的陆逊就开始了,至少,陆逊封华亭侯时就将其家族、部属迁到了昆山,他及他祖上的坟也在昆山。陆机是陆逊的孙子,他也世居"昆山阴",于是,在这里形成一个人口密集的市镇不会有问题。当年,梁朝置昆山县时,把县政府设在这里,从人口、经济、地理位置上分析是合理的、可能的,所以,我赞同《松江府志》的说法,即今松江的小昆山原是昆山县治,唐天宝十载,昆山县治迁马鞍山后,松江的昆山就被改称为"小昆山"。

从吴淞江到松江城厢镇

月夜下的吴淞江

吴淞江在历史上是太湖流域最大的河流,也是上海的母亲河,孕育上海城市的诞生和发展;吴淞江流经上海市区,把上海市区分为"浜南"和"浜北",只是到了近代以后,进入上海的侨民认为吴淞江是通往苏州的主要航道,把她叫做 Soochow Creek,近代印制的上海地图大多是根据西文版地图复制的,于是,吴淞江流经上海的那段河流多被标为"苏州河"。上海人见识有限,往往只知道"苏州河",而不知道"苏州河"只是吴淞江下游的俗名。

关于"吴淞江"有许多有趣的故事。吴淞江在文选上最早的出现见于《后汉书·左慈传》,原文是这样的:

（左慈）尝在司空曹操坐，操从容顾众宾曰："今日高会，珍羞略备，所少吴松江鲈鱼耳。"慈应曰："此可得也。"因求铜盘贮水，以竹竿饵钓于盘中，须臾引一鲈鱼出。

吴淞江出产一种鲈鱼，是一种洄游性鱼类，长期生活在江河中，生殖期会顺江而下进入近海的咸淡水中交配产卵，卵孵化后，幼鱼又会溯水而上，继续在江河中生长。这种鲈鱼并不是今日人们常见的淡水鲈鱼或海洋鲈鱼，而是属于杜父鱼科（sculpin）中的一种，鳃旁长有假鳃，看上去像有四只鳃，于是也被叫做"四鳃鲈鱼"，是吴淞江的特产，名气很大。

左慈是一方术之士，妖道惑众。当年曹操在北方宴庆宾客，山珍海味该有的都有了，遗憾的就是缺少"吴松江鲈鱼耳"，这位左慈就叫人取来一只铜盘，在盘里注入清水，他竟然从盘子里钓出一条"吴松江鲈鱼"。在场的人怎么也弄不明白，左慈何德何能，可以在盘中钓出一条鲈鱼。当然，现代人也不会明白这个故事是真的还是假的。后来，《三国志》被演义为《三国演义》，这个故事也被演义为"左慈戏曹操"，"吴松江鲈鱼"的名气就更大了。

《后汉书》使用的句子是"吴松江鲈鱼耳"，唐章怀太子李贤注《后汉书》："松江，在今苏州东南，首受太湖。"他还引《神仙传》："松江出好鲈鱼，味异于它处。"《太平御览》引唐杜宝《大业拾异录》："（大业）六年，吴郡献松江鲈鱼鲙"，所以，《后汉书》中使用的"吴松江"应该在"吴"字下停顿，意即"吴郡的松江"，"松江"才是这条河流的确切名称。

但是,《后汉书》中讲的"吴松江鲈鱼耳",也容易被后人错误理解——这条江就叫"吴松江"。相传大禹时代分天下为九州,并州是其中之一,在北方,据说,那里生产的刀剪十分锋利,唐朝诗人杜甫《戏题画山水图歌》中有:

焉得并州快剪刀,剪取吴松半江水。

诗人为了诗句长短划一,语句押韵,随意篡改名词的事是常有的,而杜甫又是一位伟大的诗人,他又把"吴松江"省作"吴松",于是,这条江就有了如"吴松"、"松江"、"吴松江"等不同的称谓。

范成大(1126—1193年),南宋初著名学者、文学家。字致能,号石湖居士。苏州吴县人。其著《吴郡志》是今存世的早期地方志之一。《吴郡志·卷十八·川》:

松江,在郡南四十五里,《禹贡》"三江"之一。"三江"自具《辨证》门。今按:松江南与太湖接,吴江县在江溃。垂虹跨其上,天下绝景也。

《吴郡志》中还大量抄录或摘录古人关于这条江的文献、诗词,其篇名有:《松江赋》、《后松江赋》、《夜渡吴松江怀古》、《泊松江》、《泊松江渡》、《忆吴松江晚泊》、《泛吴松江》、《游松江》等,"吴松江"之"松"一律写做"松",我通读了《吴郡志》,全书记录"吴松江"近百处,没有把"松"

写作"淞"的,于是可以得出一个结论,至迟到范成大生活的南宋早期,吴松江或松江之"松"是不加"三点水"的,那么,"松"何时又为何被加上"三点水"而写做"淞"的呢?!

施蛰存自称是松江人(祖籍杭州),其《云间语小录·松江》中说:"余观《蚁术词》言吴淞江者凡二,见《蚓窍集》有《题墨梅送同生弟回淞绝句》,又《东维子集》中言松邑处多作淞,此诸书皆旧本,可知松字加水旁起于元时。"《蚁术词》的作者邵亨员(1309—1401年),字复孺;吴清溪,祖籍淳安(今浙江淳安),其先迁居华亭(即松江),元末明初人。他的文章中多处提到"松江",但均写

松江境内的小河

作"淞江"。可惜,我手头无此书,无法引用原文,但可以证明,至迟在元朝时,松江之"松"已被加上"三点水"而写做"淞",实际上,现代出版的大型工具书中均收录"淞"字,而释文很简单,均特指"吴淞江"。由此可以推断,这个"淞"字是后人造出来的。

吴淞江发源于太湖,东流直下,注入大海,历史上的吴淞江是太湖流域最大、最重要的河流。雨季,当太湖洪峰到来时,它承担排洪的作用,一旦淤塞,不能将太湖洪峰排入大海,太湖流域被淹,使这里成为水乡泽国;旱季,它又是蓄水池,如蓄水不足,又会造成严重的旱灾,所

以古人十分重视吴淞江的治理和管理。宋朝迁都临安(今杭州市),促进了江南经济发展和人口增长,时间久了,就又出现了另一个问题,那就是耕田不足,于是,江南的百姓开始规模性地围垦造田,江南是水乡,人们围滩涂造田,或利用滩涂种植芦苇等水生植物,使河流变窄,河床升高,河流淤塞严重。也许古人以为吴松江的水流太小了,就在"松"旁加"水"而为"淞",于是,吴松江、松江就被改写为吴淞江、淞江,此只是民间惯用的"厌胜"风俗或手段,《明史·河渠六·直省水利》:

太湖绵亘五百里,纳杭、湖、宣、歙溪涧之水,散注澱山诸湖以入三泖,顷为浦港。埋塞涨溢害稼,拯治之法,在浚吴淞诸浦。按,吴淞江,袤二百余里,广百五十余丈,西接太湖,东通海……

一般认为,官方文献或著录中把吴松江写作"吴淞江",最早见于《明史》。

古代,省政府所在的城市称"省城",府政府所在的城市称"府城",县政府所在的城市称"邑城"或"县城"。唐天宝十载(751年)置华亭县,县政府长期在今天松江城厢镇,所以,在相当长的历史时期里,今松江城厢镇就叫做"华亭邑城",简称"华亭"。元至元十四年(1277年)升华亭县为华亭府,明年,改松江府,下面只有一个华亭县。松江府治与华亭县治在同一个城里。至元二十九年,析华亭县东北高昌、长人、北亭、海隅、新江五个乡置上海县,于是,原华亭县城正式称松江府城。毫无疑问,松江府的名称就是从其境内的那条"松江"或"淞江"而命名的。陆深(1477—1544年),字子渊,号俨山,明朝诗文家、书法家,明弘治十八年进士,官国子监司业、祭酒,今上海浦东陆家嘴即以陆深宗族世居此地而得名,其《蜀都杂钞》中说:

吾郡松江,本缘淞江得名其地,每有水灾,乃去"水"而作"松"。

显然,陆深也认为以前"松江"被写作"淞江",元朝升华亭县为松江府,最初以这里的河流"淞江"而取名"淞江府",由于"淞江"的水太大,经常造成水灾,就把"淞"的"三点水"去掉而作"松江"。这是一种说法,也许是对的。不过,我们是否可以从另一个角度去理解,至迟到了元朝,那条叫"松江"的河流已经被写作"淞江"、"吴淞江",是著名而且十分重要的河流,当年置松江府时,府名就使用了河名,河名与府名、府城名使用相同的名称,容易混淆,于是规定,有"三点水"的"淞江"特指河流,而无"三点水"的"松江"用来指称府

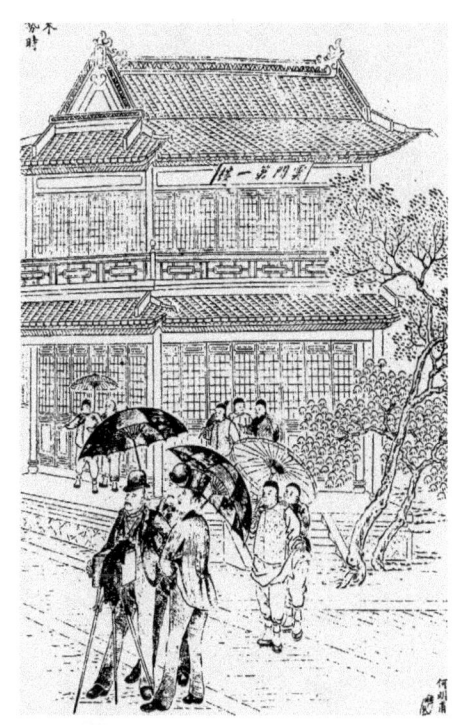

《点石斋画报》绘松江城内的"云间第一楼",该楼今在松江二中内,为文物保护单位

名和府城名。

在相当长的历史时期里,松江是府,上海是松江府下辖的县,一直到1927年上海建"特别市",隶南京国民政府行政院,即今日所谓的"中央直辖市",上海市才正式脱离松江府的管辖,而今天,松江则是上海市下辖的一个区。

以年号得名的嘉定

古代中国的人口不像今日那么众多或密集,所以,县的面积很大。上海地区旧称"华亭"或"云间",根据唐朝的制度,地方人口超过一万户就可以设县,而华亭地区的人口已超过一万二千户,唐天宝十载(751年),中央政府批准了吴郡太守赵居贞的奏请,分吴郡昆山县南境、嘉兴县东境、海盐县北境之地建立华亭县。这个华亭县在元朝

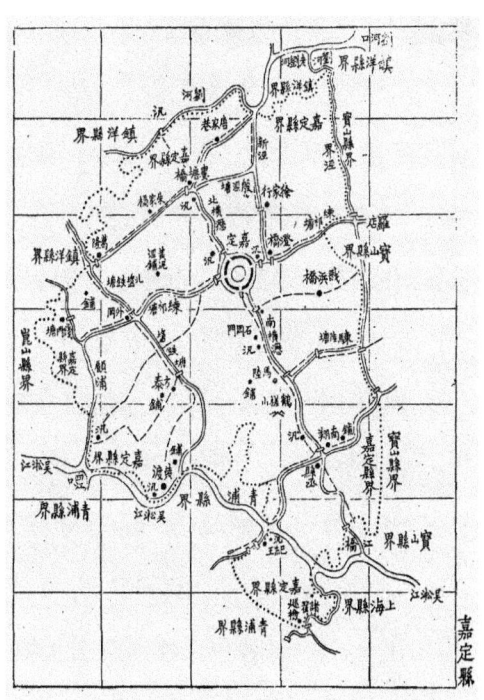

1895年嘉定县测绘地图,这也是嘉定第一份测绘地图,吴淞江是嘉定县与青浦、上海县的界河

升为华亭府,又改称松江府,在相当长的时期里下辖华亭、青浦、上海、金山、奉贤、南汇、川沙等县和厅。华亭县与昆山县隔吴淞江相望,也就是讲,昆山县在吴淞江北岸,松江府在吴淞江南岸。同样,随着人口的增长,南宋嘉定十年(1217年)又分昆山县的东境建立嘉定县,是中国为数不多的以皇帝年号命名的县。到清雍正二年(1724年),又分嘉定县的东境建立宝山县,是以境内的一个人工堆的烽火台而得名。下面介绍嘉定县建立的原因和过程。

《清嘉庆一统志》中说:"疁城,在嘉定县南门外,唐有疁城乡。《名胜志》:'元时得古冢碑石云:唐咸通二年(861年)庄府君葬于疁城乡。'即此地也。今名疁城,元设教场于此,一名疁塘,又名娄塘。"又载:"练祁市,即今嘉定县治。本昆山县之春申乡也,宋置,属平江府。"《吴志》:"练祁市,在府东北一百四十里。嘉定十年,知平江府事赵彦橚奏:昆山县治东至练祁市七十二里,自练祁市至江湾又七十里,通计一百四十里,欲割昆山西乡之安亭,并东乡之春申、临江、平乐、醋塘凡五乡,别为一州,就练祁要会之地,置立县治,以年号为名。诏可。"唐代,今嘉定城厢镇一带叫做"疁城",到了宋代,这里成市而称之为"练祁市",今天嘉定城厢镇别称"疁"、"疁城"、"娄"、"练祁"等都是使用了它的古地名。"疁"字见于《说文解字》,释文:"疁,烧穜也。《汉律》:'疁田茠艸。'从田,翏声。"疁即烧去土地上的草后播种,也即刀耕火种,近人也望文生义,以为唐朝以前这里仍以刀耕火种的方式种地,于是才被叫做"疁城",这是近人的自说自话。

"练祁市"则得名于一条叫练祁河的河流,至今仍在。《上海市地名志》中说：

> 练祁河　位于嘉定、宝山两区中部。西起顾浦，东经外冈、嘉定、罗店，至盛桥东南穿越宝山钢铁总厂厂区入长江，与吴塘、盐铁塘、横沥、杨盛河等相交。长36公里。江水澄澈如练，故名。曾名练祁塘、祁江、练江、练渠等。

"练"的本义是煮生丝或已练制的白色熟绢，古人认为这条河清澈如"练"，才被叫做"练祁"，这当然也是望文生义。今天，横贯嘉定城厢镇的河流就是练祁河。

水乡嘉定

前面的引文中只讲了宋朝析昆山县东境置嘉定县的过程，并没有提到置嘉定县的原因，南宋范成大纂《吴郡志·卷三十八·县记》：

> 嘉定县，在府东一百四十里。嘉定十年置。

范成大是学者、文学家、诗人，他主纂的《吴郡志》的最大特点就是旁征博引，对后来的学人来讲，他引用的资料就成了研究地方历史的珍贵史料，范成大以"补注"的方式收录了当年平江知府赵彦橚和提举两浙

西路常平茶盐公事议郎王棐的关于析昆山县东境置嘉定县的奏折摘要,抄录部分如下:

照对平江府管下五县,其境土广袤,无如昆山,而顽犷难治,亦无如昆山。详考其故:盖昆山为邑,一十四乡,五十二都,东西相距,几二百余里。县治以迁就马鞍山风水,僻在西北。故西七乡与官司相接,稍稍循理。自昆山县治东止练祁七十里,自练祁止江湾又七十里,通计一百四十里。其间止有商量湾、杨林两寨,又皆不足倚仗。故东七乡之民,凭恃去县隔绝,敢与官司为敌,不奉命令,不受追呼,殴击承差,毁弃文引。甚而巡尉会合,亦敢结集千百,挟持器杖以相对抗。自此习成顽梗之俗,莫可谁何。其害有三:争竞斗殴,烧劫杀伤,罪涉刑名,事干人命,合行追会,不伏赴官,至有经年而不可决者,此狱讼淹延之害;滨江旁海,地势僻绝,无忌惮之民,相率为寇,公肆剽掠,退即窝藏,殆成渊薮,此劫盗出没之害;豪民慢令,役次难差,间有二十余年,无保正之都,两税官物,积年不纳,只秋苗一色言之,岁常欠四万余石,其他类是,此赋役扞格之害。有此三害者,昆山遂为难治之邑,其来非一日矣。盖县方百里,而兹邑广袤倍焉,以一令临之,制驭必有所不能。

奏折分析了昆山县社会治安混乱,政府难以管理的原因:南朝梁朝置昆山县时,只是相信马鞍山(即今昆山市区内的马鞍山)风水较好,就把昆山县政府选择设在此地,使县政府在县境的西北一偶之地,只有西七乡还靠近县政府,而东七乡远离县政府,使政府对东七乡的管理鞭长莫及,地方不听从政府,甚至公开与政府对抗。这样的布局又造成和出现三种后果,其一就是政府对东七乡的管理失控,漠视政府法令现象严重;其二,昆山的东边滨江旁海,一旦失去控管,百姓肆无忌惮,使这里成为盗贼之渊薮;其三,由于政府力量薄弱,而地方豪强崛起,公开拒交、抵抗政府税收、摊派情况严重。而通常,一个县的区域一般为方圆百里,而昆山县为二百里。

奏折也对如何处理这种情况提出建设性的建议:

察其理势,莫若置县之为利便。今斟酌事宜,欲割昆山西乡之安亭,并东乡之春申、临江、平乐、醋塘,凡五乡二十八都,别为一县,就练祁要会之地,置立县治,以嘉定为名。

该奏请于嘉定十年十二月九日"奉圣旨:依。"今上海市嘉定是中国为数不多的以皇帝年号为县名的地名之一。

一般讲,中国古代建县的主要参数是人口,据记载,清雍正二年(1724年),两江总督查弼纳上疏,认为江南是财富重地,其中苏州、松江、常州三府尤为重要,经过康熙盛世之后,这

民国初期明信片中的嘉定水乡风景

里的人口增长太快,政府的征税繁剧,建议将该三府下三十三个县各分置一县。同年,巡抚张楷也为此事提出相同的建议,九月就"得旨依议分县"。在此之前的清顺治十三年(1656年)已析华亭县部分置娄县,雍正三年,析娄县之风泾(枫泾)、胥浦二乡置金山县;析华亭县之云间、白沙二乡之大部置奉贤县;析青浦县之北亭、新江二乡置福泉县(乾隆八年废福泉县,仍回归青浦县);析上海县长人乡之大部置南汇县(嘉庆十年又析上海县高昌乡,及南汇县之部分置川沙厅,1912年改称川沙县);析嘉定县东境置宝山县。这些县旧时全部隶江苏省,1956后,上述各县先后并入上海市。

白鹤南翔留名基

历史上的上海地区是仙鹤的主要栖息地,今上海地区旧称"华亭",于是,鹤也被叫做"华亭鹤",还流传许多华亭鹤的故事。今天,上海市区西北嘉定区的南翔就是以仙鹤的故事而得名的。南宋著名学者、诗人、地方史学者范成大纂《吴郡志·卷四十六·异闻》中说:

> 昆山临江乡有南翔寺。初,据地得石,径丈余。常有二鹤,飞集其上。僧有齐法师者,即此地作精舍。鹤飞来无定方,随飞来处,其方必有人来施财作供,无一日不验。久之,鹤去不返,僧为之号泣。石上忽有题一诗,云:"白鹤南翔去不归,惟留空迹在名基。可怜后代空王子,不绝薰修享二时。"因名寺曰"南翔",寺之西有村,曰"白鹤"。

历史上的吴淞江是太湖流域最大的河流,很长很宽,于是它也是一条界河,在南宋以前,浜北为昆山县,浜南为华亭县,当南宋嘉定十年

(1217年)析昆山东境置嘉定县后,它就成了昆山、嘉定以及后来的宝山县与松江府的界河。整个上海地区的东部是千万年来江河夹带的泥沙冲积成陆的,地下都是泥土,不会有岩石,而古人在垦地时,在这里发现了一块长宽约一丈多的大石块,那一定是奇闻了,于是有一位称之"齐法师"的和尚就在大石块的边上建了一座小庙,当庙建好后,竟有一对白鹤每天从不同的方向飞来,停在大石块上。和尚们发现,白鹤飞来的方向必定会出现一群信徒,为庙布施,又是一大奇闻。不久,白鹤向南飞去后一去不复返,和尚们很伤心,就在大石块旁号啕大哭,想不到在大石块上竟出现了一首诗,大意讲:这一对白鹤离去后不再回来了,但这大石块可以证明这一对白鹤的存在,以后一定会有贵客来布施,僧人们可以静心地弘扬佛事。范成大是不相信这个传说故事的,所以才把故事归入"异闻",就是奇谈怪论。如用今人的眼光分析,这个"异闻"就是和尚们的炒作,编派了这个神鬼传闻,以吸引更多的人资助寺院。确实,僧人得到来自各方的资助,建造了寺院,并取名"白鹤南翔寺"。钱大昕是清乾嘉学派的领袖人物,他也是嘉定人,其《练川竹枝词》云:

齐公卓锡辟榛芜,清瘦天然冰雪躯。
怪得村氓纷布施,不知曾见鹤飞无。

看来,钱老先生似乎也认为"白鹤南翔"是那个"齐法师"编造的一个故事。

范成大并没有讲白鹤南翔寺兴建的年代,《吴郡志》中也没有收录这个寺院,不过,确有不少文人到过南翔寺,并留下诗篇,著名者如唐戴叔伦《白鹤寺访慧上人》诗、宋张商英《南翔寺》诗、元释宏济《南翔寺重新记》等,上海人民出版社出版的《上海碑刻资料选辑》收录了刻于明万历八年(1580年)的《重修白鹤南翔寺大雄宝殿记碑》,碑原在南翔寺内,为20世纪30年代拓片,部分字迹缺损或漫散,大部分清晰可辨,起首曰:

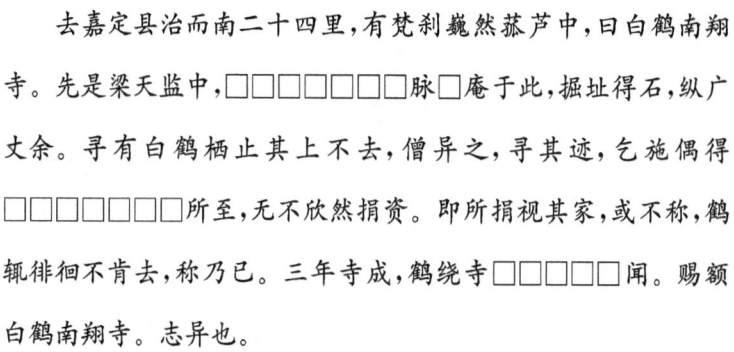

去嘉定县治而南二十四里,有梵刹巍然菰芦中,曰白鹤南翔寺。先是梁天监中,□□□□□□脉□庵于此,掘址得石,纵广丈余。寻有白鹤栖止其上不去,僧异之,寻其迹,乞施偶得□□□□□□所至,无不欣然捐资。即所捐视其家,或不称,鹤辄徘徊不肯去,称乃已。三年寺成,鹤绕寺□□□□□闻。赐额白鹤南翔寺。志异也。

碑文中讲的"所捐视其家,或不称,鹤辄徘徊不肯去,称乃已",就是家家户户必须出钱投资兴建寺院,所捐数额根据家庭财产决定,如所捐资与家庭财产不对称,鹤就始终在你家门前不走,直至捐出更多的钱才离开。这对鹤似乎是"黑社会"的"强盗讨",和尚们还拿此吓唬人,强索钱财。

南翔寺历年重建和扩建,最后一次重修是在清嘉庆十年(1805年),寺院的东、南、西、北分别被横沥、走马塘、钓浦、师姑浜四条河流

南翔寺前的双塔，建于五代时期，现为市级文物保护单位

相围，占地约一百八十余亩，每条河上有桥与寺院相通，是上海地区占地面积较大的寺院。南翔寺也历遭兵燹，在1860年的太平军东进时，寺院破坏殆尽，于是，寺院的土地陆续被僧人出卖，到了清末，大概只剩三十余亩了。1932年"一·二八"淞沪战争中，由于南翔设有沪宁铁路的车站而遭日军飞机轰炸，而南翔寺旧址与车站相近也被炸，这个千年古刹就彻底毁了。今南翔镇还保留两座相连的砖塔，据说是南翔寺门前之物，以"双塔晴霞"被列入历史上的"南翔八景"之一。后人考证，该双塔位于原南翔寺中轴线的最前端，以双塔为端点，大致可以断定南翔寺的布局。由于双塔上没有刻石或铭文，旧志记录也不详，清嘉庆《南翔镇志》称此双塔为"千年物也，前人记载题咏均不及，不知建于何年代"。上海市文物管理委员会曾对双塔作调查，大致断定为五代至北宋遗物，杨嘉祐先生《上海古塔》中讲：

> 双塔是何时造的，史籍未载，据其造形及结构加以鉴别，方是五代至北宋建筑。两塔高约八米，七级八角形，砖结构，各层腰檐平座都是砖制。而形式皆仿木结构，如腰檐下施斗拱，每层四面

设壸门,另四面隐出直棂门,方向各层互易。这是砖塔中结构比较精密的两座。

1984年动迁相邻的民居,并进行大修,已公布为上海市文物保护单位。由于原南翔寺址地面下沉,而周边的土地在建设中不断抬高,双塔处于较低的地势上,已难显昔日的英姿。

清嘉庆《南翔镇志》中说:"经幢石,在大雄宝殿前,始于唐咸通八年(867年),至乾符二年(875年)成。太平兴国五年(980年),僧子湘等舍衣钵重修。元元统元年(1333年)建大殿,因移向前,添新易旧。二年,重镌经字。乾隆五十四年(1789年),飓风倒折其一。嘉庆初,僧宗唯募修。"这段记录十分清晰,南翔寺内有经幢两方,一方是唐朝的,另一方是元朝的,在寺内大雄宝殿前,当寺毁后,它们就躺在旧址的废墟中,一直到1959年才由上海市文管会移到相近的古猗园内。

南翔建镇的年代不见于明确的记载,《明史·地理志》在苏州府嘉定县下记:"南有南翔巡检司",但并不称"南翔镇",而在《清史稿·地理志》的嘉定县下记:"镇三:外冈、安定、南翔。县丞驻南翔。"南翔的地名出现很早,但设镇的历史稍晚。《嘉庆一统志》在太仓州嘉定县南翔镇下说:"因建南翔寺,且以为镇",据此可知,南翔镇建于清嘉庆或以前。清嘉庆十年修的《南翔镇志》是参照乾隆时的稿本而修的,但该志仍没记南翔建镇的历史和时间,估计是作者刻意违避。估计,南翔建镇就在嘉庆十年,也即1805年。南翔的真正发迹得益于沪宁铁路,19世纪末,中国掀起兴建铁路的高潮,1902年沪宁铁路动工,1908年全线通车，在南翔设有火车站，可以讲是上海开出后的第一站，上海的游客可以当日往返，于是有大量的上海人把南翔当作郊游的首先，使南翔经济迅速发展，人口不断上升。1909年的全国城乡自治中，规定人口在五万以上者为"镇"，以下者为"乡"，原南翔镇人口不足五万，就置南翔乡，1928年一度改称"槎南市"，以位于槎浦之南而得名，今仍称南翔镇。

《吴郡志》提到的"寺之西有村，曰'白鹤'"，它就是今青浦区北部的白鹤镇。此略。

金山有山

金山区位于上海市西南部，南临杭州湾，西面与浙江省平湖市、嘉善县接壤，面积586平方公里，其前身是金山县，1997年撤县建区。在天爽气清的日子里，站在金山卫石化总厂的"金山城市沙滩"边向东南望，可以清晰地看到，距海岸约六公里处一字排开的三座小岛，由南向北分别为浮山岛（又称乌龟山）、大金山、小金山，其中大金山面积最大，海拔为103.4米，比松江佘山的97.2米还高出6.2米，是上海的制

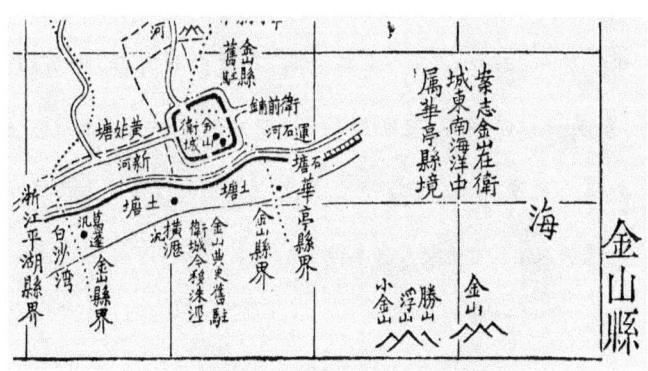

清代地图中的金山卫城与金山岛

高点,而"金山"之名即得名于这海上的金山。也许人们会有疑问,这金山县怎么会用这个偏离大陆的小岛作为行政地名,实际上,历史上的大、小金山是与陆地相连的,只是沧海桑田,这里发生了地陷,才使大、小金山与陆地分离,成了海上的岛屿。

《绍熙云间志》纂成于南宋绍熙四年(1193年),"云间"是古代上海地区的别称,《云间志》相当于今上海地区的第一部地方志。该志卷中"祠庙"中有这样一段记载:

> 金山忠烈昭应庙　在海中金山,去县九十里,别庙在县东南八十步。庙有吴越王镠祭献文云:以报冠军之阴德。《吴越备史》云:大将军霍光,自汉室既衰,旧庙亦毁。一日,吴主皓染疾甚,忽于宫庭附黄门小竖曰:国主封界华亭谷,极东南有金山咸塘,风激重潮,海水为害,非人力所能防。金山北,古之海盐县。一旦陷没为湖,无大神力护也。臣汉之功臣霍光也。臣部党有力,可立庙于咸塘,臣当统部属以镇之。遂立庙,岁以祀之。宣和二年,赐显忠庙。五年,封忠烈公。建炎三年,辛道宗领舟师,由海道护行在所,奏加封忠烈顺济,且赐缗钱,以新庙貌。四年,加封昭应。按:霍去病为冠军将军,而霍子孟为大将军。今《备史》以为霍光,或者吴越祭文,不考也。《嘉禾志》有冠军神庙,又有金山庙,皆云忠烈昭应,则以一庙为二矣。

文中的"县"是指宋朝的华亭县,县治即今松江城厢镇,"去县九十里"

就是距华亭县治九十里。早在三国时代,东吴末帝孙浩(264—280在位),患病严重。一天,霍光的魂附到一太监身上,说:当初吴国建国,国土的东南就是金山海塘,风灾严重,海潮浸入堤内,自然灾害严重,人难以胜天;臣是汉朝旧臣霍光,部党霍光势力很强,如果在海边为臣建庙,借助臣的神力,一定能战胜海浪。于是孙皓就在金山上修建了霍光庙,又叫做"霍光神祠"。此可能是后人编的一个故事,真实性如何,无法考证。但是,以后的一段记录可靠性很强,就是到了北宋末的宣和二年(1120年),霍光庙又赐显忠庙,十二年之内又连续加封霍光神为忠烈公、忠烈顺济、昭应等,南宋初的建炎三年(1129年)还在原址重建。

《绍熙云间志·卷中·山》记:

> 金山,在县东南九十里。周回十里,高十七丈。《吴地记》云:有平坡,可容二十人坐。山北有寒穴,其泉香甘。

古人没有测量技术,山的大小、高低全凭目测的"毛估估",所谓金山"周回十里",应该是指大小金山和浮山的周长,"高十七丈"只是"毛估估"。作者提到,金山上有一个平坡,可容二十人坐,这个平坡很小,也可见该山的陡峭。在山的北面有一眼称之"寒穴"的泉眼,泉水香甘。《云间志·卷上·古迹》中又说:

> 寒穴泉,在金山。山居大海中,咸水浸灌,泉出山顶,独甘冽,

潮汐流注不竭。毛泽民作《寒穴泉铭》，以为与惠山泉不可分等差。王介甫、唐彦猷、梅圣俞皆有诗。

毛泽民即毛滂，江山（今浙江江山）人，北宋元祐中期，苏东坡任苏州太守，他任法曹，苏东坡读到毛滂的文章后十分欣赏，后由苏东坡推荐给朝廷，后被破格提拔为秀州知州。秀州的州治即今浙江嘉兴，宋朝，华亭是秀州下辖的县。他的《寒穴泉铭》是这样讲的："华亭有寒穴泉，邑人知之者鲜，县令姚君汲以遗余，……取惠山泉并尝，至三四反复，不觉有异。"无锡的惠山泉水号称"天下第二泉"，水质之佳，可想而知，而金山的寒穴泉山与惠山泉相比，并无二致，说明寒穴泉的品质极佳。文中提到的"县令姚君"应该是姚舜明，他是宋政和二年（1112 年）的华亭知县。王介甫即王安石，北宋政治家、文学家、诗人，曾任宰相，《云间志》中收王安石《寒穴泉》诗，诗曰：

神泉冽冰霜，高穴与云平。

空山渟千秋，不出鸣咽声。

山风吹更寒，山月相与清。

北客不到此，如何洗烦酲。

唐彦猷即唐询，钱塘（杭州）人，北宋天圣进士。景祐初任华亭知县，留下《华亭十咏》，其于"寒穴"中讲："金山北有寒穴，清泉出焉，其味甘香"，并作诗咏：

绝顶干云峻,寒泉与穴平。

还同帝台味,不学陇头声。

夜雨遥源涨,秋风颢气清。

谁云蔗浆美,才可折朝酲。

梅圣俞即梅尧臣,北宋仁宗赐进士出身,著名文学家、诗人,旧志载,上海老城厢的梅家弄即以梅尧臣宗族世居此地而得名,其《寒穴》诗曰:

山头寒泉穴,净若镜面平。

熨齿敲冰冷,贮瓶微玉声。

傍有野鹿迹,上啼林鸟清。

何由一往挹,况复方病酲。

从上述的北宋诗人的诗文中根本无法认为这个在金山上的寒穴泉是在海洋中的很小的岛屿,尤其是梅尧臣诗中提到的"傍有野鹿迹,上啼林鸟清",只能认定这是近海的小山。我因工作上的便利上过大金山,其实际上只是一个面积不大的孤岛,不适宜人居住,是一个无人岛礁。解放以后,在大金山上装了航标灯,才有一对夫妻因管理航标灯长期居住该岛,岛上没有淡水源,淡水供应来自大陆的补给,那金山上的寒穴泉早已失去了影迹。现在上岛仍十分艰难,风险很大,更何况古代的文人骚客,唯一的解释,就是大小金山原来是在大陆上的。

吴聿是北宋末南宋初人,上海辞书出版社出版的《中国文学大辞

典》中讲:"《观林诗话》,宋吴聿著,一卷。约成书于南宋初。"该书中说:

> 华亭并海有金山,潮至则在海中,潮退可以游山。有寒穴泉,甘冽与惠山相埒,穴在山麓,泉钟其间,适与潮平。而半山《寒穴》诗云:"高穴与云平",盖未至其处也。毛泽民《泉铭》,叙半山诗云:"泉当此诗而名世"。然余以为因半山诗以尊重于世,则此泉之幸;若后世好事者欲凭此诗以考寒穴所在,则失之远矣。非泉之不幸欤?!

他批评王安石(即"半山",王安石号半山)未到过金山寒穴泉就写了《寒穴》诗,而毛滂的《寒穴泉铭》也仅是跟风,他大概也没有到过金山,以此推断,这位吴聿先生是到过金山的,他见到的金山"潮至则在海中,潮退可以游山"。如此看来,大概在北宋末,南宋初,上海近海发生了严重的地陷,地平而下沉,使金山与大陆分离,当退潮时,人们可以穿过滩地进入金山,而涨潮时,金山就处于海的包围中成了岛礁。

洪迈(1123—1202年),南宋著名史学家、文学家,绍兴十五年(1145年)进士,《夷坚志》是他收集民间传说汇集的著作,成书于乾道二年(1166年),《夷坚志·金山庙巫》中讲:

> 华亭金山庙濒海,乃汉霍将军祠,相传云,当钱武肃霸吴越时,常以阴兵致助,故崇建灵宫。淳熙末,县人因时节竞集,一巫

方烧香启祝,唱说福沴。钱寺正家幹沈晖者,独不生信心,语谑玩侮。所善交相劝止,恐其掇祸。巫宣言詈责甚苦,晖正与争辩,俄踉跄扑地,涎流于外,若蹶晕然。从仆奔告其家,妻子来视拜巫乞命。巫曰:"悔谢不早,神已盛怒,既执录精魂,付北邦,死在顷刻,不可救矣。"妻子彷徨无计,但拊尸泣守。晖忽奋起,傍人惊散,谓为强魂所驱。沈笑曰:我故戏诸人耳,初无所睹也。巫悚然潜出。合庙之人,亦舍去。

此虽为故事,但也有一定根据,后人无法知道金山沿海塌陷,大小金山变成海中小岛的时间,但是,在宋以后的著述中,大小金山确实已不是陆地的山,而成了海中的岛,大多数学者推断,在南宋初期,上海沿海发生严重的地陷,才使大小金山由山变成了岛。

在元末的农民战争中,朱元璋的军队一枝独秀,公元1368年他抢在其他农民军之先登基做了大明王朝的开国皇帝,引起了其他农民军的不满和反对,于是,朱元璋又调动精兵强将,镇压反对他做皇帝的农民军,被击溃的农民军只得向边疆、沿海逃窜,所谓成者为王,败者为寇,那些被击溃的农民军就成了流寇、海盗。为了继续围困、镇压进入海岛的农民军,朱元璋颁布了极为严厉的"海禁令",就是禁止在中国近海开展航运和贸易。在部分沿海地区还规定,沿海居民向内陆搬迁,或移民边疆。毫无疑问,海禁令实施后,中国从元代发展起来的近海航运事业衰落了。同时,朱元璋又在近海的军事重地建立了不少称之为"卫"的军事机构。顾祖禹(1631—1692年),字景范。江苏无锡人。明末清初著名地理学家，其《读史方舆纪要》在"松江府"下说：

> 金山卫，府东南七十二里，明洪武二十年建，以山为名。卫南濒海，与金山对峙，西接乍浦，东接青村、南汇嘴，东北抵吴淞江，控引三百里。卫城周十二里，为府境东南之险，当浙直要冲，且与宁波、定海同为钱塘江锁钥……

古代没有测量机构，测量技术很落后，但涉及的区域距离大致还是八九不离十的，南宋的《绍熙云间志》中讲："金山，在县东九十里"，《读史方舆纪要》讲："金山卫，府东南七十二里"，今大金山岛距海岸约12里，再加上金山卫距海岸的距离，二者大致是吻合的。上海地区是平原，难得有几座小山，金山又是上海地区最高的山，知名度是较高的，所以，古代的"金山"特指山，泛指山附近的一大片区域，而"金山卫"就是以这座金山而得名的。

《嘉庆松江府志》中说："小官镇，一名篠管，张堰南二十里，立金山卫于此，遂为重地。"又说："浦东盐司，旧在张堰，旧牢盆相远，别建官廨于此，镇以是名。"金山东濒大海，至迟在唐代，金山沿海就是海盐的产区。宋代，在张堰设盐场和盐的管理机构，随着时间的推移，海岸线也不断向东推进，使张堰离海越来越远。"牢盆"是古代煮盐的工具，古代煮盐是很艰苦的活，盐民的地位也很低，所以，盐民大多由被发配的犯人担任，或征募贫穷地区的贫民担任。《史记·平准书》中讲："愿募民自给费，因官器作煮盐，官与牢盆"。煮盐的牢盆很大，价较贵，所以牢盆是由盐官提供给盐民使用的。当海岸线向外推移后,原来主管盐业的张堰离煮盐的盐场越来越远了,于是就在靠海边的地方再设一个衙门,这个地方就被叫做"小官",后又讹作"篠官"、"筱官",明初的"金山卫"就设在原来的"小官镇",当"金山卫"成了正式地名后,那个"小官镇"就逐渐被人们遗忘了。

清兵入关后,明朝的旧臣拥戴唐王朱聿键南下,在福州建立南明隆武王朝,并不断派兵从海上骚扰、攻击清朝,沿海的兵事十分吃紧,于是"顺治四年(1647年)改卫守备",原来"金山卫"的地位又上升了一级。清康熙二十二年(1683年),清军收复台湾,标志沿海反清武装被全部肃清,到乾隆十五年(1750年)就撤销了"金山卫守备"。

清康熙是中国社会秩序相对稳定,经济恢复和人口增长较快的时期,雍正二年(1724年),当时的两江总督查弼纳上书,认为江南为财富重地,而苏、松、常三府尤为繁剧,请将三府所属的三十三个县各分置一个县,就在此一年(或下一年)分上海县东境置南汇县,分青浦县东部置福泉县(后裁撤),分嘉定县东部置宝山县,分华亭县部乡置奉贤县,分娄县的风泾(即枫泾)、胥浦两乡置金山县,治所就设在金山卫。

金山县的地形呈东西长,南北窄的长条形,古代交通十分不便,而金山县治设在金山县最东部近海的金山卫,从行政管理上有所不便,当沿海没有战争的和平时期,这样的设置就显得不合理,于是在乾隆二十四年(1759年),就将县衙门迁到金山县中部的朱泾镇。金山卫从此逐渐荒落,原来卫城有城墙和护城河,城墙砖被当地百姓盗挖用于建造私宅,这卫城的城墙不知什么时候消失了。如今,在金山卫镇还保留边长约两千米的呈四方形的"金卫城河",那就是当年金山卫护城河的遗迹。20世纪70年代,我在金山石化总厂住过些日子,在金卫城河的四周还有东门、南门、西门、北门的地名,不知今日这些地名是否仍在使用。

江南是水乡,古代,交通以水运为主,而如今,有多条国道、公路贯穿金山东西南北,陆路交通已是交通的主要方式。1997年撤金山县建金山区,区政府又迁到与原金山卫相近的金山石化总厂区域。

从白牛村到枫泾镇

枫泾镇位于上海市金山区西部的端点,西部和南部与浙江省嘉善县接壤,从上海驱车西南行,过了枫泾道口,就进入浙江省境了。也许因为枫泾古镇远离上海市中心区的原因,当上海各乡镇努力开发,发展经济,使古镇的古色古香遭到不同程度的破坏,而偏离市中心区的古镇枫泾却得以幸免,成为上海市为数不多的保存完好的古镇。由此,它也成了上海第一个列入"中国历史文化名镇"名录的小镇。2009年,上海市旅游局等联合举办新的"沪城八景"评选,我是评委之一,枫泾古镇以"枫泾寻画"高票当选。枫泾古镇也成了上海郊区旅游的首选。于是,人们希望了解枫泾的历史文化、传说故事,希望知道,"枫泾"之名是怎么来的,是什么意思。

枫泾古镇在北宋为"白牛市",一般认为,"白牛"一词与北宋文学家陈舜俞的故事有关,如清沈蓉城《枫溪竹枝词》:

庐山曾跨白牛游,居此高风此地留。

今日野塘惟白浪，村人来往尚呼牛。

陈舜俞因反对王安石主张的青苗法被贬后，一度与刘涣赴各地游览，并上庐山后写了《庐山记》，这篇文章被人们广为传抄，于是人们尊称陈舜俞为"陈庐山"。作者就认为，就是因为陈舜俞在这里骑着大白牛到处游荡，于是这里才被叫做"白牛"。从北宋到清朝已有近千年的历史，虽然此地的景观发生了千变万化，但人们仍怀念这位骑白牛的老人，村民们打招呼，往往把"你"念成"牛"。我对枫泾方言不通，不知今日是否仍是如此。又如，已故上海地方志学者祝鹏先生《上海市沿革地理》中也讲："枫泾镇，在泖桥西十八里，白牛塘从此北流。令举是陈舜俞的号(应该是字)，宋庆历进士，苏轼称其才学。隐居后跨白牛代步，因以为号，所居之村亦被称为白牛村"。当然，后人称白牛村是陈舜俞骑白牛而得名的论述不胜枚举，此略。

今枫泾古镇尚有陈舜俞宅，占地一亩，十分气派，三进三落，粉墙黛瓦，静止于一片斑驳之间，不过，谁都知道，这是今人为增添旅游景点而建造的"仿古建筑"，与北宋的陈舜俞一点关系也没有。

陈舜俞(？—1076年)，北宋著名文学家，字令举，号白牛居士。湖州乌程(今浙江湖州)人。少师从胡瑗，后来又师从欧阳修，与司马光、苏东坡为挚友。北宋庆历六年(1046年)进士，嘉祐四年(1059年)，得"直言极谏科第一人"。不过，他的官运并不亨通，熙宁三年(1070年)以屯田员外郎的身份出任山阴知县，当时王安石居参知政事，掌副丞相之职，在宋神宗的支持下积极推广青苗法，规定凡州县各等民户在每年春秋两收,青黄不接的时候,可以到当地官府借贷现钱或粮谷,借以暂度口粮不足或下一期耕作,称之"青苗钱";借户贫富搭配,十人为保,互相检查,贷款户分作五等,第一等最高贷款额为十五贯,末等一贯,并规定在收割时偿还,每期利息二分(实际借期约四个月,按此计算,年息为六分,即60%),这种借贷的利息比一般的民间借贷高得多,而比高利贷又低得多,但是,其优点之一就是至少保证农户在青黄不接时能借到现钱或粮食。不过,青苗法受到更多的保守派的反对,其中就有苏东坡。陈舜俞是"屯田员外郎",对农业生产和百姓生活的实际情况是十分了解的,他认为青苗法的利息太高,伤害了百姓的利益,是政府收括民脂民膏的行为,坚决反对推行。实际上陈舜俞与王安石之间的关系不错,据称,当年陈舜俞得"直言极谏科第一"时,王安石还赠诗曰:"君今壮岁收科第,我欲他时看事功",但朋友归朋友,政治归政治,陈舜俞就是因为直言反对推广青苗法,上书《奉行青苗新法自劾奏状》,被王安石贬为责监南康军盐酒税,后来隐居离家乡不远的今上海枫泾。后人传说,陈舜俞隐居期间,常骑一白牛四处游荡,他还写过《骑牛歌》,"世争传之"(《梅磵诗话》),他也自号"白牛居士",于是,他隐居处的一条河被叫做"白牛泾",村落被叫做"白牛村",后来发展为"白牛市"。此说不确。

首先,宋《绍熙云间志·卷中·进士题名》中说:

> 陈舜俞登庆历六年第,再中嘉祐四年材识兼茂,明于体用。
> 按国史:舜俞,湖州人。知山阴县时,青苗法初行,不奉令,上疏自

劾。谪南康酒税,弃官而归,居秀之白牛村,自号"白牛居士"。虽非湖人,不得不载也。

显然,白牛村地名与陈舜俞骑白牛,自号"白牛居士"无关。

《绍熙云间志·卷中·院记》中说:

> 海惠院,在白牛市。建隆初,里人姚廷睿以宅为寺。初名兴国福寿院。治平元年,改今额。姚即为伽蓝神。

"建隆"是北宋开国皇帝赵匡胤的年号,建隆元年为公元960年,治平元年为宋英宗年号,为公元1064年。《云间志》中收录了陈舜俞写的《海惠院藏经记》全文,《云间志》是宋代方志,后虽有翻刻本,存量很少,一般读志难以读到,不妨将全文抄录如下:

> 秀州,檇李之奥壤;华亭县,唳鹤之名邑;白牛村在其西,有人烟之富;海惠院于其间,为兰若之胜。先是,赐紫僧奉英,智力朕敏,杰为主者,乃募人书所传之经,其函八百,其卷五千四十有八。而居人吴氏子,行义施,号为长者,为之募财僝工,作转轮而藏之。其屋若干楹,载甍载琢,饰以金碧,以某年某日落其成也。白牛居士陈舜俞叙其义而赞之,曰:天下之险,东有泰、华,南有衡、岷,西有昆仑、龙门,北有太行、羊肠,此天所以限方域也。然而宝货出焉,而负重者至;草木、禽兽生焉,而樵苏弋猎者往。冯者蹶而伤;

下者踣而死,又生生之大患也。圣人为之观转蓬而作车以载之。嵯峨决而蹊通,崒屼碎而尘飞。视千仞以为夷,化颠踣以为安,其车之为利,盖远矣。无明之山,悭贪之阻,嗔恚之冈,痴暗之崖嵬,诈妄之丛棘深林,淫乱之坑谷溪涧,而众生莫之能免也。于是教之以法为车,以布施为辀,以禅定为轸,以忍辱为毂,以持戒为辖,以勇猛精进为辐,以般若为轮,度脱诸险,不堕生死,始于自载,终于载人。故此经之轮,不为无意也。况夫我为法轮,致远由己。有相虽外,发心必内。心转轮驶,心止轮柅。举真如之性海,一指而遍;尽尘沙之法门,有念斯足。须弥纳于芥子,沧海入于毛端,真体道之枢机,利物之关键。作之可谓妙用;施之者不为无穷之利乎?若夫山涧同平,夷险一致,驰骋乎无傲之驾,遨游乎无方之机,非作非止,孰溺孰载,吾非斯人之徒,其谁与游?然殊途同归,何远之有。

秀州是五代时吴越国置的州名,北宋后改称嘉兴府,州治即今嘉兴市,宋元时期,华亭县隶秀州;"檇李"是一个古地名,《春秋·定公十四年》:"於越败吴于檇李",檇李城在今嘉兴城南,据说该地产一种上佳的李子而称之檇李,后来,檇李当作嘉兴的别名使用。陈舜俞称:"白牛村在其西,有人烟之富;海惠院于其间,为兰若之胜",毫无疑问,在陈舜俞年代或以前,这个"白牛村"已经存在了,只是后来陈舜俞隐居于白牛村,他才自号白牛居士。

"白牛"又作"白牛车"、"大白牛车",见于佛教经典《法华经》。丁福保编纂《佛教大辞典》：

> 大白牛车 （譬喻）《法华经》譬喻品所所说"三车"之一。对于声闻乘之羊车，缘觉乘之鹿车，而以譬菩萨乘也。"尔时长者，各赐诸子等一大车，其车高广，众宝庄校……驾以白牛，肤色充洁，形体姝好，有大筋力，行步平正，其疾如风。"

白牛车就是大白牛拉的车，在佛教中比喻菩萨乘的车，喻"大乘佛教"。《坛经·缘品》："无念即正念，有念念成邪。有无俱不计，长御白牛车。"唐朝诗人杜甫《上兜率寺》诗："白牛车远近，且欲上慈航"。五代齐已《赠念〈法华经〉僧》诗："持经功力能如是，任驾白牛安稳行"，陈舜俞的《海惠院藏经记》虽未直言"白牛"或"白牛车"，但字里行间都在借用"白牛车"典故，曰"圣人为之观转蓬而作车以载之，嵯峨决而蹊通，崒屼碎而尘飞。视千仞以为夷，化颠踣以为安，其车之为利，盖远矣"。海惠院应该属大乘佛教（进入中国的佛教大多自称大乘佛教），而白牛车又是大乘佛教的经典故事，也许，是先有了这个海惠院，这个地方才被叫做"白牛村"，后来成市，又称"白牛市"。

陈舜俞逝世后，苏东坡、司马光等一代文豪"哭祭其殡"，苏东坡还撰《祭陈令举文》，收录在《东坡集》卷三五，称陈舜俞的品质"清风亮节"，后人更仰其清风，遂改白牛塘为"风泾"，水上航行最怕的就是风浪，于是又改"风泾"为"枫泾"，原白牛市也随白牛塘的更名而更名，至于更名的确切年份，似乎已经讲不清了。

今天,枫泾古镇的北面尚有一条称之"白牛塘"的河流,也许它就是古白牛塘的一部分,一条叫"枫泾塘"的河流纵贯枫泾古镇,北面与白牛塘相接,它也是古白牛塘的一部分。

今天,枫泾古镇位于上海市的西南边缘,出了枫泾就进入浙江省嘉善县境,在古代,这里则是吴越的分界线。今天的枫泾市河是古代吴

这条狭长的小河是枫泾的界浜,把原枫泾镇分割为南北二市

越的界河,界河以北的北市属于金山县,界河以南的南市属于浙江嘉善县,形成"一镇二县"的独特现象,一直到1951年,南市才划归金山,形成今日的枫泾古镇。

明代退庵道人吴履震《五茸志逸》(五茸是古地名,在今松江城厢镇南,相传这里产鹿,是吴王的狩猎场。以后,五茸作为松江的别名,今松江简称"茸"、"茸城",即得名于此)中讲了一个有趣的历史故事:北宋建国之初,为了统一全国,乾德年间(963—967年)派户部尚书陶穀(秀实)出访吴越国,商谈统一大计。当时,吴越王也深知,凭自己的实力难以与赵匡胤抗衡,统一是大势所趋,同意谈判,归顺宋王朝。根据中国礼制,一国元首或特使出访邻国时,邻国必须派特使或钦差大臣赴边境或进入邻国境内迎候,于是吴越王派忠懿王为首的代表团到吴越的边境,即今枫泾迎接陶穀,在这里举行隆重的欢迎仪式。陶穀

是大学问家，学富五车，思路敏捷，他著的《清异录》被视为奇书，后世广为流传和引用；但他心胸狭隘，容易对他人发起批评和攻击。在欢迎宴会上，首先上了江南特产清水大闸蟹，陶穀是清平人，即今陕西西彬人，只是听说江南出产大闸蟹，但是从未见过蟹，更没有吃过蟹。于是他就问忠懿王，江南有多少种蟹，是否都可食用？忠懿王一一作了回答，还派手下马上把能买到或捉到的蟹立即送上来，"自蟛蜞至蟣蝤凡取几十种以进"。当时，最先上桌的是品质最佳的大闸蟹，然后才陆续上其他的蟹，这位自命不凡的宋朝特使竟忘记了自己的使命，卖弄自己的学问和口才，以"一蟹不如一蟹"抨击吴越国的后人"一代不如一代"。直到今天，江南方言以"一蟹不如一蟹"比喻"一代不如一代"或"一个不如一个"。当然，陶穀之举直接导致了这次和谈的破裂和失败，这是后话，暂且不表。

忠懿王也是一位十分睿智和沉得住气的政治家、外交家。他对陶穀的无理和恶意攻击并没作出直接的反应，宴会照常进行，宴席最后上了一道"葫芦羹"。中国人所讲的"瓜"大多属葫芦科植物，古人称之"葫芦"的植物果实很多，最通常的就是"不知葫芦里装什么药"的葫芦，还有就是瓠瓜，就是上海人讲的"野开花"，也即所谓的"食用葫芦"。宋人林洪《山家清供》是介绍和记录民间食谱的著作，《山家清供·素蒸鸡》中说："郑余庆召亲朋食，敕令家人曰：'煮烂去毛，勿拗折项。'客意鹅鸭也。良久，各蒸葫芦一枚耳。"一位叫郑余庆的人邀朋友吃饭，朋友们听到郑余庆嘱咐下人：要煮烂后去毛，不要把头颈拗断了。人们以为郑余庆为他们准备了鹅鸭之类的菜肴，想不到上桌的只是一条"清蒸野开花"。言归正传,当陶毂正将调羹插入碗中舀"野开花羹"时,忠懿王钱俶就笑着对陶毂说:"先王时,庖人善为此羹,今依样画来。"仅此一句话就使陶毂十分难堪,持调羹的手停滞空中,去舀葫芦羹不是,收回来也不是,处于进退两难的尴尬窘境。

原来,陶毂是唐朝名人陶彦谦的孙子,唐朝灭亡后,他先后在后晋、后汉做官,后来又在后周的翰林院当大学士,当赵匡胤灭了后周后,他就作为前朝旧官吏被宋朝留用,仍为翰林院大学士,还直接参与了宋朝"郊祀、法物、制度"的制定。他也自认为对刚建立的宋王朝作出很大的贡献。但他毕竟是留用的前朝旧官吏,一直得不到皇帝的信任和重用,于是陶毂收买了同党,有机会就在皇帝面前吹捧陶毂的才能和功绩,争取皇帝的提拔。赵匡胤早就看透了陶毂的用意,就笑着对大臣们说:"颇闻翰林草制,皆检前人旧本,改换词语,此乃俗所谓'依样画葫芦'耳,何宣力之有。"——翰林院草拟规章制度,这是他的本职工作,朕也知道,草拟规章制度,无非就是利用旧朝的文本,略加修改,改头换面,就像民谚所讲的"依样画葫芦"罢了,哪有陶毂自己所吹嘘的那样厉害,那么的了不起。当陶毂得知皇帝对自己的评价后,心中十分不爽,又十分担心,就写了《自嘲》诗,还用大字抄写后挂在自家的客厅里,诗是这样的:

官职何由生处有,才能不管用时无。
堪笑翰林陶学士,年年依样画葫芦。

这个故事很快就传开了,当然,陶穀就成了"依样画葫芦"的祖师爷。而忠懿王钱俶就利用陶穀的"依样画葫芦"还击了他对吴越国"一蟹不如一蟹"的攻击。赵匡胤对陶穀的冒失后悔,也对吴越国忠懿王的胆魄、机敏、睿智表示欣赏,后来,宋国另派特使,重开商谈统一大计。

至迟从春秋战国时起,吴、越互为邻国,战争不断,而今枫泾地区恰处吴、越的分界线处,秦始皇统一全国后,这里仍是吴、越的界线,并延续至今,这里一定发生过许多可歌可泣的事件,美丽的传说故事,我想,如果把这些历史事件、文化故事收集起来,作为一种非物质文化保护,一定能在枫泾建设中发挥重大的作用。

顾野王与亭林镇

上海及苏南地区保存下来的古地名中,含有"亭"字者不少,如华亭、安亭、亭林、望亭、唯亭等。《云间志·卷上·封域》中讲:"孙氏霸吴,尽有其地,建安二十四年,封陆孙为华亭侯,始见之吴志矣。"作者的意思,东汉末年,三国鼎立,孙权占据东吴建立东吴国,建安二十四年(219年)封名将陆逊为华亭侯,"华亭"地名才出现。问题在于,是先有"华亭"这个地名,陆逊的封地在华亭而被封为华亭侯,还是因为陆逊被封为华亭侯,此地才被叫做华亭,这就难以考证了。所以《云间志》中又讲:"至于县之得名,《通典》、《寰宇记》云:地有华亭谷,因以为名。按《陆逊传》:逊初封华亭侯,进封娄侯,次江陵侯。汉法,十里一亭,十亭一乡,万户以上或不满万户为县。凡封侯,视功大小,初亭侯,次乡、县、郡侯。以逊所封次第考之,则华亭,汉故亭,留宿会之所也(汉亭二万九千六百六十五。吴所封亭侯,如西亭、烈亭、东迁亭、新城亭之类)。今县有华亭镇印,或者遂谓自镇为县。"作者又认为,"亭"是秦汉时期的行政建置,如《史记·高祖本纪》中讲,汉高祖刘邦在为平民时"为泗上亭长"。张守节正义:"秦法,十里一亭,十亭一乡。亭长,主亭之吏","亭"是介于"里"与"乡"之间的行政机构,据记载,汉时全国共设有"亭"一级机构29 665个,当然是先有"华亭",因陆逊的封地在华亭而称"华亭侯"。我赞同这一说法。

亭林镇位于上海市金山区的东北部,东面与奉贤区隔龙泉港、俞泾塘相望,是历史古镇,其旧名又称之顾亭、顾亭林、顾亭林湖等名。《云间志·卷上·古迹》中说:

顾亭林,旧经:顾亭林湖在东南三十五里。湖南有顾亭林,陈顾野王居此,因以为名焉。今为宝云寺。寺有《伽蓝神记》,云:寺南高基,野王曾于此修《舆地志》。世传以为顾野王读书墩。

同书《卷中·寺观》:

宝云寺,初名法云寺,在顾亭林市西北隅,大中十三年建。晋天福五年,湖水坏寺基,始迁寺南高基,即陈顾黄门故宅。寺有顾黄门祠,有沈璇及《灵鉴寺记》、《伽蓝神记》。治平中,赐今额。

顾野王(518—581年),字希冯,江苏吴县(今苏州昆山)人,著名学者,博览群书,通晓天文地理,其著《玉篇》是继东汉许慎《说文解字》之后的另一本字书,除了分析汉字的结构,兼释形义,对后世的汉字研究有重大影响,至今仍被学者引用。其著《舆地记》则是记录地理和政区沿革之作。他还是一位著名的画家,据记载,他与王褒同时作客梁宣城王府,顾氏绘古贤图,王褒作赞,时人称顾、王为"二绝"。梁朝灭亡后,任陈朝黄门侍郎。宋范成大《吴郡志》有顾野王传,《吴郡志·卷三十九·冢墓》中讲:"梁顾野王墓,在吴县楞伽山下,近越来溪。绍兴间,其碑石虽皱剥断裂,高巍然植立。后为醉人推仆,石碎于地,今尚有存者。又《吴地记》云:在横山别隅,平地不起坟"。"楞伽山"即"上方山",在今苏州市西南,濒临石湖,山顶有楞伽塔,山北端称茶磨屿,故称楞伽山、磨盘山等,宋代这里就已是苏州郊游胜地,每年的八月十八,苏州人结伴上山赏月,称之"石湖串月",有人作诗曰:"怒涛影叠饶溪港,皓魄光连宝带桥。共说楞伽秋坐好,那知春月漾春潮。"苏州距亭林有二百里之遥,古代交通不便,南朝时的亭林大概还是一个濒海的穷乡僻壤,这顾野王会跑到百里之外的亭林去读书,实在有点奇怪。所以,我认为今亭林可能是汉朝一个叫"顾亭"的地名,古人的乡土观念很强,也愿意为地方增色添彩,于是才把东吴名人顾野王搬到自己家乡,在顾亭的边上有林和湖,于是又被叫作顾亭林或顾亭湖。

顾野王到顾亭林读书是一个流传了千年的传说或故事。唐询,字彦猷,宋钱塘(今杭州市)人,北宋天圣(1023—1030年)进士。景祐元年(1034年)任华亭知,离任后作《华亭十咏》,其咏《顾亭林》中说:"顾亭林,在东南三十五里。相传陈顾野王居此,因以为名焉。"诗曰:

平林标大道,曾是野王居。
旧里风烟变,荒原草树疏。

湖波空上下，里闬已丘虚。

往事将谁语，凄凉六代余。

王安石有《次韵唐彦猷华亭十咏》，其《顾亭林》：

寥寥湖上亭，不见野王居。

平林岂旧物，岁晚空扶疏。

自古圣贤人，邑国皆丘墟。

不朽在名德，千秋想其余。

王安石是北宋宰相，名气大得很，也许由于王安石的推波助澜，使"顾亭林"的知名度也更高了，故事也越传越真。《坚瓠集》讲，顾野王读书处原来叫"读书墩"，宋朝时为避讳（不知避何人之讳）而改称"读书堆"。相传，在宋朝或更早一些时代，法云寺的两位僧人同时做了一个同样的梦，梦见一金紫衣人对他们说："我梁朝侍郎"，且告以断碑处，僧人果然在寺基处发现一石，上镌："寺南高基，顾野王曾于此修《舆地记》。"还有一传说，当时顾亭林濒海，经常受海潮浸袭，当年，顾野王居顾亭林，如有海潮入浸，顾野王大声一喝，潮水即退，土人称之"喝潮王"，还在这里建祠。清人汪巽东《云间百咏》：

读书墩上乱蛩鸣，洗砚池头片石横。

怪底紫衣僧入梦，义旗前记指台城。

作者原注："墩与地皆顾遗迹，宋时避讳改作堆"。黄霆《松江竹枝词》：

读书台上碧苔荒，回首亭林落日黄。
一曲墨池香气细，风流犹溯喝潮王。

众所周知，月亮对地球的作用会引起海水水位的上升和下降，那就是"潮汐"，潮汐大概每六小时一次有规律性的变化，而过了望日以后的一两天，受月亮的影响，潮水可以升到一个月的最高位。钱塘江又称浙江、之江，在杭州湾注入大海，入海口呈喇叭形，江口大而江身小，《武林旧事》中说："浙江之潮，天下之伟观也。自暨望以至十八日为最盛，方其远出海门，仅如银线，既而渐近，则玉城雪岭，际天而来，大声如雷霆，震撼激射，吞天沃日，势极雄豪。"后因地理变迁，观潮的最佳地点移至今海宁市盐官镇，古代的"钱塘观潮"也被改称为"海宁观潮"。每月的十五以后，尤其是十八那日，海上的潮水涨到最高位，潮水涌入内地江河，而江河日下，尤其是农历的八月十八，江河之水接受上游的洪峰，以排江倒海之势冲入大海，在入海口与海潮相遇，形成特大的潮涌。实际上，以前上海也有"八月十八看潮头"的风俗、景观，清上海人秦荣光《上海县竹枝词》：

十八潮头最壮观，观潮第一浦江滩。
银涛万叠如山涌，两岸花飞卷雪湍。

作者原注:"八月十八,潮头生日,至浦口观潮头。"观潮是一种旅游项目,但是,对古代生活在近海沿江的老百姓来讲,巨大的海浪会冲垮堤岸,造成灾害,人们害怕潮头,希望有一位神来阻制潮头,消弥灾害,也许就是民间传说的"有海潮突至,野王一喝而却,土人称为'喝潮王'。"这"野王"本是传说中能抵御海潮的神,而吴地也有一位大名鼎鼎的"顾野王",于是,"野王"就被张冠李戴地弄到顾野王头上,又编派出他在这里读书、写《舆地志》的故事。

上面提到,范成大《吴郡志》中讲,顾野王的墓在苏州市西南的上方山(即楞伽山),在中国或江南的岁时行事中,八月十八没有哪路神仙的生日,也不是特别的日子。上方山脚下有石湖,是太湖的支脉之一,但每年的农历八月十八,到上方山下的石湖游玩称之为"石湖串月",是苏州风俗,如清顾禄《清嘉录·卷八·石湖串月》中说:

> 十月十八游石湖。昏时,看行春桥下串月。旧俗,多泊舟望湖亭,今亭废,而画舫皆不轻往。或借观串月之名,偶有一二往游者,金乌未坠,便已辞櫂石湖,争泊白隄,征歌赌酒矣。

张大纯《百城烟水》:"八月十八日,群往楞伽山望湖亭看串月,为奇观。"也许,苏州人的八月十八"石湖串月"起源于为顾野王扫祭的活动,后来,顾野王的墓废了,就成了一种赏月活动。

顾炎武(1613—1682年)是明末清初昆山人,字宁人,号亭林。少年时参加复社的反宦官权贵斗争。清兵南下,嗣母王氏殉国,他就加入昆山、嘉定一带人民的反清斗争。他坚决不当清朝的官，历游山东、京师、关外、山西、陕西等地，一度在华阴定居。曾被大臣举荐为官，他坚决不当，与黄宗羲、王夫之合称清初三大名儒。由于他的名声太大，又声明坚决不当清朝的官，也使自己的人身安全受到威胁，他倒是住在亭林镇，于是自号"亭林"，著作甚丰，有《顾亭林诗文集》。

顾炎武像

亭林镇是千年古镇，有悠久的历史，脍炙人口的传说、故事，是不是应该充分利用自己的文化资源，提升城镇的品位和知名度，应该是人们思考的问题。

敬奉贤人说奉贤

奉贤在上海市南部，北枕黄浦江，东临杭州湾，面积720平方公里。民间传说，奉贤之名是以"敬奉贤人"而得名，而这位贤人就是孔夫子的弟子言偃。言偃，字子游，《孔子家语》讲他是鲁人，也就是今山东人，但《史记》中讲他是"吴人"，相当于今江苏人。他擅长文学和礼学，又是孔子弟子中唯一的南方人，学成后返回南方，后人称其为"南

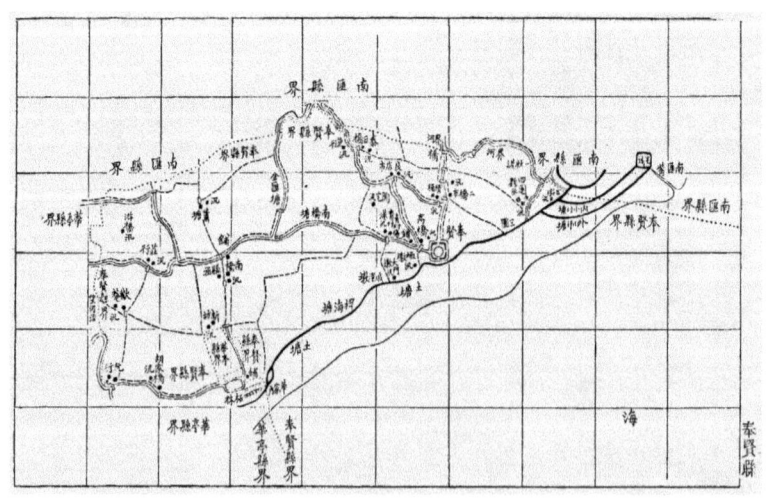

奉贤县地图

方夫子",今江苏常熟市虞山脚下有言子墓,依山而建,由下至上用石阶连接,墓前有石牌坊,横额镌"言子墓道",坊内为影娥池,有石拱桥跨池上,桥称"文学桥",过桥又为石牌坊,正面书"启道东南",是乾隆御笔,拾级而上,有平山亭,亭匾为"文开吴会",系康熙御笔。再向上即言子墓,上刻"先贤子游言公墓",刻于明代。同样,在常熟市虞山镇学前街有"言子祠",始建于宋代,历年重建。当然,墓的真假可以搁置不论,但言子是今江苏常熟人似乎就成了定论。

上海东临大海,在历史上是海盐的重要产区。《元丰九域志》在两浙路秀州下中说:"华亭县,浦东、袁部、青墩三盐场。"《清嘉庆一统志》在松江府青村守御所下引《松江府志》:"浦东场在张堰镇,袁部场在华亭县东南十四保青墩,即青村也。""青村"的地名今仍在,在奉贤区中部,在宋代或宋代以前,这里是青墩盐场的主管机构所在地,今天则是青村镇政府所在地,实际上也是历史上此一带的重要城镇。清道光汪巽东《云间百咏》:

城塾临街构数椽,溪毛特为荐先贤。
武城仿佛弦歌地,伫试牛刀已百年。

作者原注:"在青村城中,相传言子过此,故名。城中近设义塾,祀言子。阊间曾筑南武城于海上。奉贤建署于雍正二年。"清丁宜福《申江棹歌》中也说:

青村濒海少生涯,只有鱼盐比户排。

赢得先贤曾一过,经过声满子游街。

很早就有传说,当年孔子的弟子言偃曾到过青村,后来,这里建了镇学,大多数县学、镇学供奉至圣先师孔子,而青村镇学供言子,孔子是圣人,言子是先贤,于是青村的言子祠也称"奉贤祠",奉贤祠在青村的主要街道上,这条街也被叫做"奉贤街"。

上海东濒大海,东流的河流在泻入大海时,受潮汐的影响,水的流速发生变化,江水中夹杂的泥沙沉淀下来,使海岸线不断向东推进,现代的考古证明,今天上海南部的奉贤、金山地区主要是钱塘江出海的杭州湾向东推进形成的陆地,公元4世纪的晋代,这里的南北海岸线刚刚推到青村一带,青村近海,才成为盐场,当海岸线继续向东推进,使青村远离海岸,也使青村的煮盐业逐渐衰落。也就是讲,言子所在的春秋战国时期,青村还是一片汪洋大海,言子也不可能到过青村。

煮盐是一庞大的工程,必须由政府组织的集体劳动才能完成。首先要在近海的地方整治出平整的盐池或盐田,在盐池上铺上草木灰,通过人工将海水引入盐池中,利用太阳光照使海水中的水分蒸发,草木灰吸收了海水中的盐分,把吸收了盐分的草木灰收集起来,再放入海水中溶解,就得到浓度较高的卤水,再把卤水运到指定的地方,放入大锅中,通过煮的方法蒸发水分,当卤水中的盐达到饱和时,盐就结晶,把结晶撩出来后就是成品盐。煮盐也是十分艰辛的活,古代,盐类实行专卖,由政府控制,盐民主要来自因作奸犯科而被发配的犯人,统称盐户、盐丁,而煮盐有明确的分工,负责割芦苇(用于燃料)的称之"荡户",引水入盐池和提取卤水的称之"卤丁",负责煮盐的称之"灶户"。所以,古代盐户、盐丁的地位十分低贱,他们和他们的子女不能像正常人那样参加科举考试,但可以入私塾读书。在官话和上海地区方言中,"盐"与"言"是同音字,是不是在青村出现过盐民子弟学校而被讹作"言子"的呢?这只是一个猜想,并无实据。

古代,县的设置的主要参数是人口,清雍正二年(1724年),两江总督查弼上书,称江苏的苏州、松江、常州三府的人口增长已达到相应的数目,议将三府的三十三个县各分置一个县,江苏巡抚张楷又提出同样的上奏。这年九月,依旨分县,于是就分华亭县的云间、白沙二乡的大部分置奉贤县,县治就设在青村,"奉贤"即取青村的"奉贤街"或"奉贤祠"。民国元年,县治迁南桥镇。2001年,撤销奉贤区,建立奉贤区。

《上海文物博物馆志·消失的文物古迹》中说:"孔宅,在青浦县大盈浦畔天一村,隋朝大业二年(606年),孔子三十四世孙孔贞任苏州刺史,在此地立孔子衣冠冢。明万历间,建孔宅书院,清代建大殿、退省斋、御书楼、万卷堂等十余处。1959年,列为县级文物保护单位,1964年县人民委员会决议撤销,部分建筑物在'文化大革命'末移入大观园。"这又是一处由圣人孔夫子而产生的地名,其又有多少真实性呢?

《绍熙云间志·卷上·古迹》中说:

> 孔宅在县北七十五里海隅。淳熙间,居民浚河,得一碑云:"天宝六年,黄池县令朱氏葬于昆山县全吴乡孔子宅之西南。"孔

宅之名，旧矣。今其地有夫子庙，在慧日院侧。淳熙间，院僧疏庙陿渠，得宝玉，凡六事，三璧、二环、一簪。今藏之县庠。

南宋淳熙年间，当地百姓在流浚河道时挖出了一方古代的墓志，上面刻着"天宝六年（747年），黄池县令朱氏葬于昆山县全吴乡孔子宅之西南。"淳熙仅十六年，接下来即绍熙，《云间志》纂成于绍熙四年，这方墓志的出土距《云间志》的编纂大概也只有十年，或者更短，其可信度还是很高的。相关的篇目中提到，今上海地区旧称"云间"、"华亭"，一直到唐天宝十载（751年）才分昆山县的南境、嘉兴县东境、海盐县北境之地建立华亭县，这也是今上海地区有独立县级行政建置之始，墓志的出土地为"昆山县全吴乡"是对的。由此可知，在唐天宝之前这里已经有一个"孔子宅"的地名。众所周知，孔子虽周游列国，去过许多地方，但他从未越过长江，进入吴地，更不会在吴地有自己的住宅，那么，这个所谓的"孔子宅"到底是哪一位孔姓人的住宅呢？《云间志》有一长段论述：

旧图经云：昔有姓孔者，游吴居此。盖吾夫子未尝适吴，以阙里谱系考之，孔氏二十二代潜，后汉太子少傅，避地会稽，遂为郡人。二十九代滔，梁海盐令。三十二代嗣哲，隋吴郡主簿。三十四代祯，隋苏州长史。岂孔氏子孙有侨寓、宦游于吴，而遂居华亭者耶？亦犹建康有孔子巷，乃圣亭侯所奉之庙，盖子孙即所居，立先圣庙耳。今庙侧又有梁纻庙，其为子孙奉祀之地，明矣。所瘗璧玉簪佩之属,意其孔堂之遗宝,得非子孙葬先圣衣冠宝璧于是地乎?然其旁有宰我墩、颜渊井,此则因孔宅之名而迁合傅会,未可知也。旧图经又云:晋邹湛亦尝居焉,亦名邹孔宅。按《邹湛传》:南阳新野人,湛尝见一人,自称甄舒仲,乃悟曰:吾宅西有积土败瓦,其中必有死人。检及果然,厚加敛葬,初不言宅在何地。湛未尝仕至吴中,姑存此以阙疑。

"阙里"就是孔子的故乡,即今山东曲阜孔庙,作者核对了孔子的谱系,谱系记载,孔子的第二十二代的孔潜,在后汉任太子少傅,为避战乱而在会稽(今绍兴市)定居。二十九代孙孔滔,在梁朝任海盐(今浙江海盐)令。三十二代孙孔嗣哲,在隋朝任吴郡主簿。三十四代孙孔祯,为隋朝苏州长史,也许就是其中的一支就在这里定居下来,于是他们的住所就被叫做"孔宅"。人们喜欢用文化名人来抬高自己的身份,提高地方的知名度,既然这些孔姓的人自称是孔子后人,就干脆就把这里叫做"孔子宅"了。《云间志》记:在孔宅的地方有一座"夫子庙",在慧日院的边上,当年僧人在疏通庙的下水道时还发现宝玉六件,收藏在华亭县的文庙中,人们认为这是孔子后人在这里建的孔子衣冠冢遗物,这也是一种猜测和推断。

孔宅原有一通孔子六十七代孙孔毓圻撰,刻于康熙四十年(1701年)的《孔宅衣冠墓碑记》,碑高188厘米,宽88厘米,"文革"时孔宅被毁,碑被推倒在地,幸未严重损坏。1987年,碑被移入万寿塔院。孔子六十七代传人孔毓圻代表曲阜孔庙承认青浦孔宅是孔子后人,碑文中讲:"庀工诹吉,鸠材致徒。凡木之工,杗桷栌㮨之朽者,易之;凡缋之工,藻绿丹漆之黜者,饰之;凡陶之工,甒瓴甓甋之缺者,补之;凡金石之工,壁珰、螺首、碣磴、垴级之刓且契者,更之。"从行文看来,这是对孔宅的一次大修。

孔宅原还有一通刻于清道光二十年(1840年)的《青浦重修孔宅碑记》,由孔子后人,袭封衍圣公孔庆镕撰文。碑高一百四十一厘米,宽七十四厘米,可惜在"文革"中毁了。碑文中说:"族祖一峰州牧时摄青浦邑篆,广集捐资,谨延绅士。复宫墙以万仞,扩基址于两楹"。从行文中可以知道,所谓的"孔宅"未必是宅,而是孔子的庙或祠。"孔宅"是一个沿用千年、流传有序的历史文化地名,它的消失真有点可惜,相关单位能否视它为非物质文化遗产而加以保护呢!

三世修来住闵行

古代的"镇"往往是指人口集中的城镇,并不包括镇附近的农村,一般讲,"镇"的规模比"邑"也即县城小,而比"市"大。如清《同治上海县志》《光绪上海县志》中是把"乡保"和"镇市"分门别类记录的,说明"乡"和"保"是行政区划名,而"镇"与"市"只是城镇、集市名称。《同治上海县志》中说:"县之东旧载镇市凡七,今增者七",就是讲,在同治之前的《嘉庆上海县志》中记载,上海县的东部有镇和市共七个,到同治年间,新增加了七个,它们是:塘桥镇、洋泾市、杨思桥市、三林塘镇、李家宅市、新木桥市、永宁桥市、杨家弄市、东沟市、陆家行市、高行市、高桥镇、塘口市、桥头市、陈家行市。"县之西旧载镇市凡六,今增者一",它们是:法华镇、徐家汇市、虹桥市、北新泾市、杠栅桥市、华漕市、诸翟镇。"县之南旧载镇市凡十四,今增者二",它们是:龙华镇、漕河泾镇、张家塘市、梅家弄市、朱家行市、长桥市、华泾市、曹家行市、塘湾市、颛桥市、北桥镇、马桥镇、闵行镇、吴会镇、荷巷桥市、语儿泾桥市。"县之北旧载镇市凡三,今增者四",它们是:老闸市、新闸市、静安寺市、内外虹口市、虹安市、引翔港市、沈家行市。这些地名大多至今仍在使用，有的只要稍加考证，也可以知道其在今天的什么地方，这里就不一一介绍了。

《同治上海县志》在"闵行镇"的下面挂了一条注文，说：

> 县西南，陆路六十三里，水路七十二里。以姓得名。《明史·张经传》作"闵港"，亦曰"敏航"。南枕黄浦，横沥贯之。正德间大水，横沥沙、竹二冈独稔。灾乡多从贸易，镇始知名。倭寇时，尝屯兵为府城捍卫，称要地。黄浦巡检司驻此。

《同治上海县志》认为"闵行"应该是以闵姓人在这里居住而得名的，所

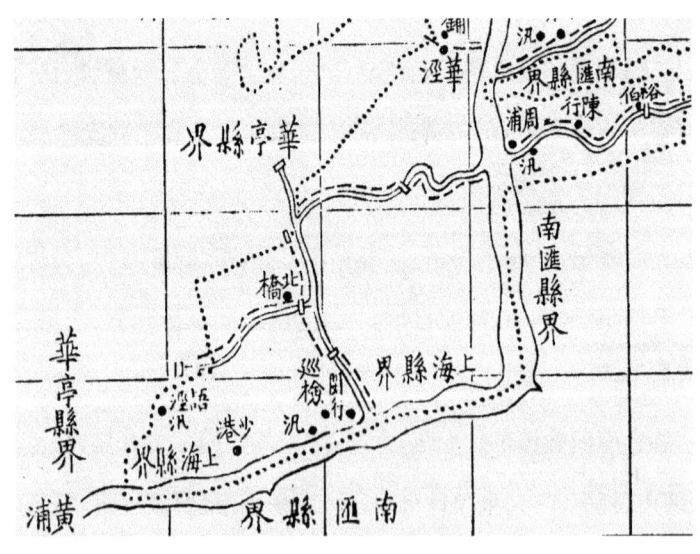

闵行位于上海县最南端

以讲"以姓得名"。不过,在历年的上海地方志或其他著录中,几乎找不到姓闵的人,所以作者自己也有点吃不准。倒是在《明史·张经传》中记录到"闵行",不过并不写作"闵行",而写作"闵港"或"敏航"。《明史》中是这样讲的,张经字廷彝,侯官(今福州)人,明正德十二年进士。明嘉靖三十二年(1553年),沿海倭患严重,张经任总督江南江北浙江山东福建湖广诸军,"分屯金山卫、闵港、乍浦,犄贼三面,以待永顺",文中的"闵港"确实即今上海的"闵行"。闵行南枕黄浦江,有一条叫横沥的河流南北贯穿闵行(横沥今称横沥塘,今仍在,可以参阅相关的上海地图),从上海溯黄浦而上,到闵行七十二里,而闵行又是松江府的门户和要冲,早在明洪武六年,朱元璋就在这里设"黄浦巡司"。可能是黄浦巡司设在闵行,那里就逐渐成市,明《弘治上海县志·卷二·镇市》中记:"敏行市,在十六保",而今闵行在旧时的位置确是"高昌乡十六保",这"敏行"就是今"闵行"。于是,望文生义,可能此地水路交叉,航运便利而被叫做"敏行",沪方言中"敏"与"闵"同音,后被讹作"闵行"。在本书相关的篇目中提到,苏南地名习惯,"港"多指避风港,明代永乐的"江浦合流"工程后,黄浦取吴淞江而代之,成为上海地区最大的河流,江宽千米,深数寻,水深浪急,而上海近海,多台风,于是沿黄浦就有许多避风港,如望达港、高昌港、大马港、小马港、龙华港等,闵行也有港,于是又称之"闵港"。这些虽属推测、判断,但我认为是有很大的合理性。

"冈"在地理名称中多指略高于地面的带状的高地。上海东濒大海,东流的河流夹带着大量的泥沙直泻大海,受潮汐的影响,水的流速发生变化,使泥沙在近海处沉淀,千百年来,海岸线不断地向东推进,也留下了不少略高于地面的"冈",这些"冈"不少是古代海岸线的遗迹,今闵行地区仍有称之沙冈、竹冈、紫冈的地名,就是昔日"冈"的孑遗。闵行地区地势略高,水网发达、流畅,自然灾害较少,所以就如方志中所记,在明正德年间,上海地区发生多次严重水灾,唯独闵行安然无恙,人们视闵行为风水宝地,民谚有"三世修来住闵行"之说。清丁宜福《申江棹歌》:

> 白鸡黄酒祀田神,三世修来住浦滨。
>
> 今日安澜真有庆,年年只盍报春申。

作者原注:"我乡有'三世修来住闵行'之谚,初以无虞水旱也。庚申,郡城失守,贼匪东西驰突,独不过浦,前言始验。乡人思春申之德,多以腊祭,并时时祭之。""庚申"指1860年,那一年,盘踞南京的太平天国为了摆脱清军江南、江北大营对南京围困的压力,派忠王李秀成率军突围东进,骁勇善战的李秀成一路凯歌,攻破镇江、常州、无锡、苏州、昆山、松江、杭州、宁波,并逼近上海市区,不知什么原因,东进军到了闵行地区后,就在四周游荡,并没进驻闵行,使人们更信"三世修来住闵行"的谚语。清顾翰《松江竹枝词》也有相似的说法:

> 春申江上浪滔天,劫火烧来断水边。
>
> 妾苦今生修未到,郎家不住闵行前。

当地的女人以能嫁到闵行视为前世修福,今人听来滑稽可笑,但古人就是这样想的。

《同治上海县志》中讲"灾乡多从贸易,镇始知名",就是讲,闵行附近地区经常闹水灾或旱灾,灾民被迫背井离乡,而闵行没有灾害,难民相继进入闵行,于是,闵行的知名度提高,人口增长,贸易发展,就形成了市,又发展为镇。这是符合城镇发展规律的。

在我的记忆中,我知道上海有一个闵行的地方应该在上世纪50年代,当时读小学,上海为发展工业,在市区周边建立不少工业区,以及与工业区相配套的住宅区、生活区、商业区,记忆最深的就是建在北郊的"张庙一条街"和建在南面的"闵行一条街"。当时的学校每年会组织春游和秋游,而这南北的各一条新建的街也成了郊游的首选,实际上就是一条商业街而已。闵行被定为制造工业区,在那里建造了如上海锅炉厂、上海汽轮机厂等大型工厂。1959年,闵行镇和吴泾地区从上海县划出而建立闵行区,这相当于在上海郊区建立的一个市区区,因管理有诸多不便,1964年又撤销闵行区并入徐汇区,但这样徐汇区的建置又太大,1981年又恢复建立闵行区。20世纪后期,全国出现了一股"撤县建市"、"撤县建区"的浪潮,1992年,又"撤二建一",即撤销原上海县和闵行区,建立新的闵行区,面积达372平方公里。当然,闵行区即以原闵行而得名。

宝山无山

宝山区位于上海市的东北角,上海市中心区的北部,是上海市的大区之一。这一带是吴淞江夹带的泥沙冲积成陆的土地,连一个小土墩也找不到,更何况所谓的"山",那此地何以被叫做宝山呢?一定自有道理,也会有一个有趣的故事。

今上海市浦东新区高桥中学内保存一块号称是明永乐皇帝的御碑——"宝山烽堠碑",记载了"宝山"名称的来历。该碑已移入室内,而且部分文字漫漶,不易通读,而该碑文被引用者不多,不妨全文抄录如下:

嘉定濒海之墟,当江流之会。外即沧溟,浩渺无际。凡海舶往来,最为冲要。然无大山高屿,以为之表识,遇昼晴风静,舟徐入而,则安坐无虞。若或暮夜,烟云晦冥,长风巨浪,帆樯迅疾,倏忽千里,舟师弗戒,瞬息差失,触坚胶浅,遄取颠踬,朕恒虑之。今年春,乃命海运将士,相地之宜,筑土山焉,以为往来之望。其址,东西各广百丈,南北如之,高三十余丈。上建烽堠,昼则举烟,夜则明火,海洋空阔,遥见千里。于是咸乐其便,不旬日而成。周围树以嘉木,间以花竹,蔚然奇观。先是未筑山之前,居民恒见其地有山影,及是筑成,适在其处,如民之所见者。众曰:是盖有神明以相之,故其兆先见,皆称之曰——宝山。因民之言,仍其名而不易,遂刻石以志之,并系以诗,曰:

沧溟巨浸渺无垠,混合天地相吐吞。洪涛驾山巉嶫奔,巨灵赑屃声嘘歕。挥霍变化朝为昏,骇神褫魄目瞑眩。苍黄拊髀孰为援,乃起兹山当海门。孤高靓秀犹昆仑,千里示表爝炜燉。永令汛济无忧烦,宝山之名万古存,勒铭悠久同乾坤。

朱元璋登基做了大明王朝开国皇帝后,颁布了极为严厉的"海禁"令,即禁止在中国近海开展航运和贸易,中国从元代开始的近海航运戛然而止。但是,为了保持和开展对外贸易和交流,朱元璋下令中国开放广州一口,中国与外国、外国与中国的贸易可以在广州进行,同时,中央政府也组建庞大的船队,以三保太监郑和的船队从南京启程,顺长江而下后出长江口,航行到世界各地。长江口,一马平川,没有航行的参照物,进出长江口的船只容易迷航、搁浅或触礁,于是决定在长江口建一航标灯,在这里堆土建了烽火堠,白天燃狼烟,夜里点火把,在很远的地方就能看到烟火,给航船指明方向。据当地百姓讲,他们在江上或海上经常隐约见到水面上有山,而烽火堠建成后,他们又讲,这个烽火堠的位置恰是经常隐约见到的山的位置,这个人工堆的烽火墩高三十余丈(约百米,估计不会那么高,这可能是夸张之辞),就把它叫做——宝山。《宝山烽火墩碑》上镌有"御制",碑文中也出现"朕恒虑之",即"我皇帝也为此事忧虑",似乎应该是"御碑"。不过,根据实际情况,应该讲该碑文是由大臣拟定后经皇帝认可而刻碑,这在中国历史上是常见的现象。

朱元璋实行"海禁"令,流窜在海上的海盗经常会进入沿海骚扰,而长江口又是沿海的兵防要地,洪武十九年(1386年)朱元璋就在长江口建"吴淞江守御千户所",隶太仓卫,千户所下辖十个百户所,并在离这座宝山不远的地方垒土筑城。据记载,该城为圆城,周长一千一百六十丈,约合三千五百米,直径约一公里,四周有濠,东南西北各开一门。这个土城建设仓促,质量很差,离长江和大海又很近,没几年就被潮水冲垮了,如今已找不到任何痕迹。同样,在明朝开国之初,郑和多次率船队出海,在郑和以后,这支航海队伍实际上遣散了,烽火墩也失去存在的意义,它也被海潮冲坍了,除了这通御碑外,也没有留下任何遗迹。

明嘉靖中年是沿海倭寇猖獗的年代,据记载,嘉靖十六年(1537年)曾计划在那座被冲垮的土城西南一里的地方重建土城,但并没实施。到嘉靖三十二年,那年是倭患最严重的一年,上海城墙就是在这一年筑的,第二年又重新筑吴淞江守御千户所城墙。这次吸取了上次筑成的经验,城小多了,周长约七百二十丈,约两千一百六十米,直径约六百九十米,城墙的内外均设水濠,这种城墙是不多见的,开四门,另辟一水门。这座城纯粹为军事设施,与城市无关。清兵入关后,明朝旧臣拥戴皇族建立南明王朝,并不断从海上向清政府发起骚扰和进攻,清初也实行"海禁",其程度较明朝有过之而无不及,于是清顺治年间,原明朝的守护所改组为"吴淞营"。

　　古代,县的设置一般是根据地方的人口户数来决定的,在本书的相关篇章中提到,南宋迁都临安(今杭州市)后,促进了江南经济发展和人口增长,南宋嘉定十年(1217年)就析昆山县的东境置嘉定县,县以年号命名,嘉定县的东境一直到海边。同样,到了清康熙、雍正年间,江南的人口有明显的增长,根据江苏巡抚上奏,江苏省的苏州、松江、常州的人口增长太快,管理上往往力不从心,建议苏、松、常三府的三十三个县各分置一个县,改为六十六个县。于是就在这一年,分嘉定县的东境置宝山县,原来的"吴淞营"就成了宝山的县城。但是,这个周长仅二千一百六十米、直径六百九十米的城作为县城又显得太小,又在原宝山县城之西南建设新城,被弃的城后来被叫做"老宝山",今老宝山尚有部分旧城遗址,并已被公布为区级文物保护单位。

　　吴淞江是太湖流域最大的河流,古代是行政区划的界河,其下游段在唐朝时,浜南是华亭县,元朝置松江府,它又是松江府的辖地;浜北是昆山县,南宋析昆山县东境置嘉定县,它又是嘉定县辖地。宝山县是析嘉定县东境设置的,所以,宝山县与上海县就是以原来的吴淞江为分界线的,所以,旧时上海县别称"淞南",宝山县别称"淞北"。问题是,从元朝开始吴淞江淤塞严重,到了明永乐年间的水利工程中,水利大臣夏元吉听从了上海人叶宗行的建议,决定放弃原吴淞江江桥以东的河道,在江桥附近开凿一条新的河道,引吴淞江水注入黄浦,这条新开挖的吴淞江下游就是今天横贯上海市区的苏州河。从此以后,被废弃的江桥以下的吴淞江旧河道就被叫做"旧吴淞江",省呼"旧江",在上海方言中"旧"与"虬"谐音,而"虬"是传说中的一种身体多处弯曲的龙,被废弃的"旧江"也确是曲折多弯,弯弯曲曲,于是,"旧江"又被文人雅称为"虬江"。一直到清末民初,这条虬江大致保存完整。以后,其中间段被填平筑路,大致上就是今天的虬江河,在今普陀区的河道即"西虬江",在杨浦区的为"东旧江"(解放后的水利工程中,河道有调整),所以,在相当长的时期里,"虬江"就是上海县与宝山县的分界线。

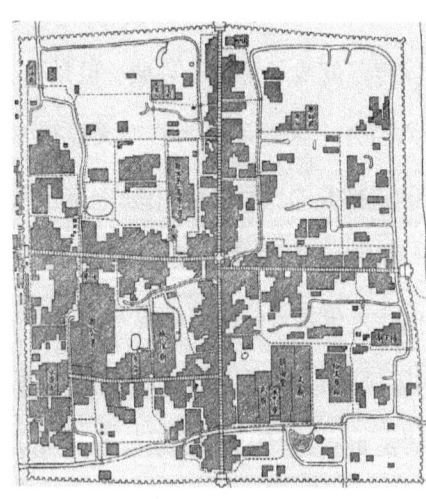

清末老宝山城测绘地图

在明朝以前,黄浦是吴淞江的大支流,在今南汇与奉贤交界的"闸港"向东注入大海,这里建有水闸,以控制水流量,闸港也以该闸得名。明永乐的水利工程中,拓宽、挖深吴淞江的另一条支流——上海浦,使它在闸港与黄浦相接,并成为黄浦的新的下游河道,引黄浦水改向东北流,在吴淞口注入长江,排入上海,于是,原吴淞江和黄浦的地位换了,黄浦成了主流,而吴淞江成了黄浦的支流,这一水利工程古代称之"江浦合流"。

原来的是淞江是向东直接排入大海的,当这条新的黄浦江下游水道开凿后,又宽又大的黄浦就把原来的吴淞江,也就是"虬江"截成浦西、浦东两段,浦西的那段就是"虬江",浦东的那段就称为"界浜"。在明朝,它是上海与嘉定县的界河,当清雍正年置宝山县后,它又是上海县与宝山县的分界线,因为浜北有高桥镇,后来又被叫做"高桥港"。原来的"宝山烽火堠"在浦东的宝山,所以这通"宝山烽火堠碑"会在浦东高桥中学内。高桥地区原属宝山县,1956年将高桥从宝山县划出,并与泽泾、东昌合组为东郊区,从此,高桥地区就不属宝山了。

"江湾"到底在哪里

应虹口区多伦路名人俱乐部之邀,作一次关于虹口历史与文化的讲座。讲座地点在新建的虹口区图书馆,地近复旦大学及校舍区,听众中不少人是复旦大学在职或退休教师,会间安排了提问项目,提问踊跃,气氛热烈。不少人提了一个相似的问题——虹口区有江湾镇街道,轨道交通3号线还在这里设有"江湾镇站",而在虹口区西面的杨浦区有一个更著名的地名"江湾五角场",相邻有"新江湾城"、"五角场镇",这"江湾"到底是指哪一块区域?这确是围绕当地人的一个问题,也是一个有趣的历史问题,不妨从头讲起吧。

本书的不少篇目反复出现"吴淞江"、"旧吴淞江"、"旧江"、"虬江"之类的名词,这是由于历史上吴淞江水道变迁而造成的。所谓"旧江"、"虬江"就是指明永乐"江浦合流"以前吴淞江的故道,它大致上相当于今日普陀区的西虬江,闸北和虹口的虬江路,以及杨浦区的东虬江。当然,至迟在清末民初以前,它也是上海县和宝山县的界河,浜南属上海县,浜北为宝山县。郏亶,字正夫,北宋昆山人,著名水利专家。

南宋范成大纂《吴郡志·卷十九·水利上》内大段摘录当年郏亶上书朝廷治理吴淞江的报告，其中一段说：

> 松江北岸，有大浦二十条：北陈浦、顾浦、桑浦、大黄肚浦、小黄肚浦、章浦、樊浦、杨林浦、上河浦、仙天浦、镇浦、新华浦、槎浦、双浦、大场浦、唐章浦、青州浦、商量湾。

古代的太湖流域，"江"特指吴淞江，也就是引文中讲的"松江"，"浦"则指吴淞江的大支流，引文中的"浦"是从西向东排列的，引文中的不少"浦"作为地名已经湮没了，但有一些还在，如"黄肚浦"应即今"黄渡"处，"槎浦"今称槎河，在今南翔，"大场浦"是通大场镇的河流，吴淞江最下游处的北岸有一个叫"商量湾"的地方。

南宋《绍熙云间志》是上海地区第一部地方志，该《志》中记：

> 通济龙王庙，在沪渎。故老相传，自钱氏有国，已庙食兹土。本朝景祐五年，太史叶清臣为本路曹，因浚盘龙汇，祷于故庙，神应如响。于是复新祠貌。有叶太史祭文，刻石于庙中。

这段文字太简，只讲这座龙王庙在沪渎，就是吴淞江入海口附近，这座庙里还有一通北宋景祐五年（1038年）太史叶清臣拜祭龙王庙的碑，该碑全名为"祭沪渎龙王文碑"，《云间志》也收录了碑的全文，碑文起首曰：

> 维景祐五年,岁次戊寅十一月癸巳朔五日,两浙诸州水陆计度转运副使、兼提点市舶司、本路劝农使及勾管茶盐矾税、朝散大夫、太常丞、直史官、骑都尉、赐紫金鱼袋叶清臣,谨遣供奉官商量湾巡检刘迪,以清酌庶羞之奠,致祭于沪渎大王之神。

叶清臣的官并不大,但挂了一长串的头衔,大概是向龙王表示尊敬吧,但祭文中就提到了随同祭奠的还有"商量湾巡检刘迪",看来,这个"商量湾"既是吴淞江的湾,也是一个地名。"巡检"是小官名,受县节制,是设在镇市、关隘的巡视官。如此看来,北宋时商量湾已成镇市,并有商业活动。"商量"的通常义为商定、计议、讨论,但在古汉语中,它又指买卖或买卖时的讨价还价,如《敦煌变文集·董永变文》:"家里贫穷无钱物,所卖当身殡耶孃(爷娘)。便有牙人来勾引,所发善愿便商量。长者还钱八十贯,董永只要百千强。"蒋礼鸿先生通译:"商量就是还价"。看来,这个"商量湾"更主要的是市场。

《宋会要辑稿·食货十七》中收录昆山知县张汉之上言,文曰:

> 江湾浦口边枕吴淞大江,连接海洋大川,商贾舟船多是稍入吴淞江,取江湾浦入秀州青龙镇。其江湾正系商贾经由冲要之地,其间有不到青龙地头收税,便于江湾浦出卖客旅,得以偷瞒商税,不无走失课利,乞于江湾浦口置场,量收过税。

古代的吴淞江是太湖流域最大的河道,东泄大海,溯河而上可以抵达苏州,至迟在唐朝,在今天的青浦就出现一个叫"青龙"的镇市。如今这里还有一座建于唐长庆年间(821—824年)的报德寺塔,即青龙塔。宋代,在这里设立了市舶司,是水上航运和贸易的管理、征税机构,近似于后来的海关。从海上进入吴淞江,或从吴淞江出海的商船必须到青龙镇验关、征税。但是,北宋年间就出现了这样一种现象,一些从海上进入吴淞江的商船,他们为了逃税,就直接在商量湾,也即引文中讲的"江湾",就近将货物卖给了商贾,使政府对航运和贸易管理失控,税收减少,于是建议在江湾增加设立水上航运和贸易的税务机构。

《清嘉庆一统志》中说:"江湾镇,在宝山县南二十七里。宋初置商量湾寨。建炎中,改置江湾义兵寨。绍兴中,韩世忠以中军置江湾是也。淳祐九年又置江湾忠军水军寨。"可见,在宋朝,江湾既是一个水上贸易的一个榷场,也是一个军事重地,到了元朝,就正式置江湾镇。最早,江湾地区隶昆山县,南宋嘉定十年析昆山县之东境置嘉定县后,

昔日的江湾镇

其隶嘉定县。到清雍正二年(1724年)析嘉定县之东境置宝山县后,江湾地区隶宝山县。清代,宝山县下设吴淞、殷行、江湾、彭浦、真如、大场、广福、刘行、盛桥、月浦、杨行、罗店等十二个乡,江湾是宝山县下的一个乡,乡政府就在江湾镇,也就是今天虹口区的江湾镇。

1928年,原江湾乡改称江湾区,区境东起黄浦江,南至五权路(今五星路)、虬江、翔殷路(今邯郸路)、水电路、西沿纪念路、俞泾涌,北至西塘桥、鹅馋浦,东北抵黄浦江,面积约七十一平方公里。1956年撤销江湾区,南部归榆林、杨浦两区,后来该两区并为杨浦区,北部建北郊区。1958年撤销北郊区,蕰藻浜以北归宝山县,以南分别划归杨浦、虹口、闸北、普陀等区。

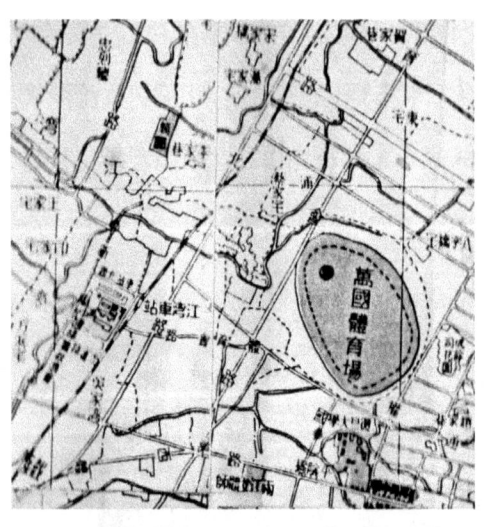

1938年上海地图,江湾跑马场与江湾镇距离很近

这里着重介绍"江湾五角场"。1927年南京国民政府建立后,7月1日,上海正式建"上海特别市",直隶中央政府行政院,所谓"特别市"相当于今天讲的中央直辖市。于是就把上海近郊的宝山、川沙、青浦等县的部分面积划入上海特别市,江湾区的全部被划入上海特别市。当时的上海市区被分割为公共租界、法租界和华界,而华界又分为南市和闸北两块,人们把租界时期上海的行政分裂称

为"三界四方",其中租界又占据了市区的中心。于是经中央政府批准,上海特别市决定在原市区的东北,即今日讲的"江湾地区"建设一个新的上海,计划将上海市政府迁往那里,在这里建成一个新的上海城市,该计划称"新上海计划"或"大上海计划"。现在江湾地区的多幢中国传统建筑均是该计划留下的遗迹,如上海体育学院内的建筑是原上海市政府,同济中学内的建筑是原上海市立图书馆,长海医院内的建筑是上海市立博物馆等。该计划在该地块的东面建一个交通枢纽,以使新上海与原市区保持交通,在这里建一个环岛,有五条呈辐射状的大马路通往各方,就是今天的四平路、黄兴路、翔殷路、淞沪路和邯郸路。上海市区的马路大多为直路,二条马路相交就形成一个"十字路口",由五条马路在一个点相汇的马路很少,于是被叫做"五角场"、"江湾五角场"(以前,曹家渡处也是五路相汇,也叫"五角场",后为与江湾的"五角场"相区分,又叫做"曹家渡五角场")。在相当长的时期里,江湾五角场是沪东的交通枢纽,知名度很高,实际上盖过了虹口的"江湾镇"。

最后做一小结:江湾是上海保存至今千余年的历史地名,最初指吴淞江在这里的一条支流——商量湾的河口,元朝出现江湾镇,址即

建于1911年的江湾跑马场

今虹口区江湾镇。清代,江湾乡是宝山县下辖的乡之一,乡政府在江湾镇,广义上的"江湾"是指江湾乡,狭义上的"江湾"指江湾镇。民国的"大上海计划"中,原江湾乡是"新上海"的中心区域,于是,"江湾"或"江湾地区"又多指今五角场及以东的原"新上海"区域,由于"江湾五角场"是交通枢纽,地名知名度、使用率很高,于是,狭义上的"江湾"又特指江湾五角场,而今虹口区的"江湾镇"一般不再算作"江湾"或"江湾地区"。

"崇明"是个吉祥词

解放后的相当长的一段时期里,上海的行政建置分为"市区"和"郊区"两大类别,市区的行政建置称为"区",如黄浦区、南市区、虹口区等,郊区建置称为"县",如上海县、青浦县、宝山县等,在较长的一段时期里,上海有十个区和十个县。"区"和"县"分别是城市和郊区的建

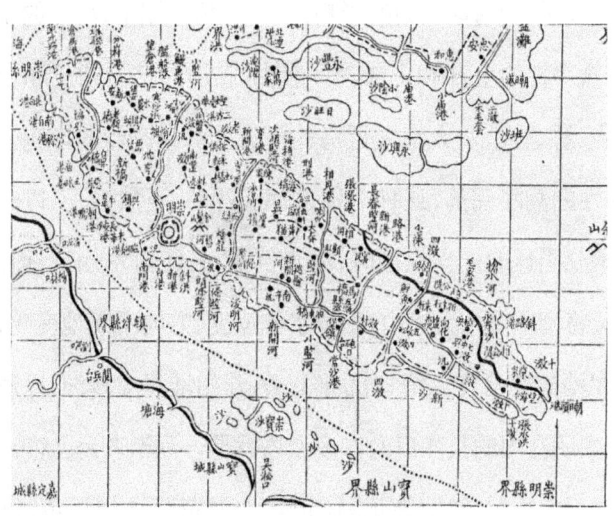

1895年崇明县测绘地图

101

置，形态上有明显的不同，待遇上也有很大的差别。20世纪80年代后，随着改革开放政策的深入，上海郊区的城市化程度越来越高。当然，为了实现全国农村人口向城市人的转移的国策，政府也有意识、有目的地加快上海郊区的城市化进程，并分阶段完成"撤县建区"，如今除了崇明县以外，其他各县已全撤销，或改称"区"，或归并入浦东新区。也就是讲，今上海市下一级的行政建置中只剩下一个是"县"的崇明县。当然，这也是上海市政府的策略和长远规划，希望保持崇明的生态环境。崇明是长江三角洲中心的沙岛，也是中国的第三大岛，是长江的门户，全岛长七十六公里，南北宽十三至十八公里，面积一千一百六十平方公里。崇明岛是怎么形成的，崇明的名称是怎么来的，这是本文的重点。

一般讲，通海的大河都会在入海口处形成一个水域宽广的喇叭形的三角洲，长江口也不例外。由于三角洲的水域比河道宽广得多，水的流速也放缓；受月球引力的影响，一个月相同期中，海洋的水位有明显的，有规律性的上升和下降。一般讲，农历的每月初三和十八潮位达到高点，称之潮汐，入海或近海的河流受海洋潮汐的影响会有明显的、规律性的潮涨潮落，这种河称之"潮汐河"，当然，长江口的潮汐现象也是十分明显的。当涨潮时，海水倒灌，长江口水倒流，而退潮时，长江水又将潮水推入大海中，由于水流速度、方向不断地变化，长江中夹带的泥沙最容易在入海口沉淀下来，开始堆积成沙洲，以后形成沙岛，包括崇明在内的长江口的许多沙岛就是千万年来大自然的造化。

宋代王象之撰《舆地胜记》在记述淮海东路通州沿革时引《通州志》文，说：

> 海陵之东有二洲,唐末割据,存制居之,为东洲镇遏使。制卒,子廷珪代之,为东洲静海军使。廷珪始筑城。钱镠遣水军攻,破之,虏廷珪。而吴又命廷珪犹子彦洪为静海都镇遏使,修城池官廨,号镇海都镇,今城是也。改东洲为丰乐镇,顾俊沙为崇明镇,布洲为大安镇,狼山西为狼山镇。

这是宋朝的著录,可靠性是较强的,文中提到的"海陵"是汉朝的建置,相当于今日江苏泰县,在海陵东面的长江口,至迟在唐朝就形成两个可以居人的沙洲,在唐末的混乱年代,一位叫存制的人占据此地,自称"东洲镇遏使",他的儿子存廷珪又在这里建城,吴越王钱镠派兵攻破了城,把这里定名为"镇海都城",就是后来的通州,即今天的南通(古时北京附近也有通州,于是又各称"南通州"、"北通州"以示区别,后"南通州"又省作"南通")。几乎同时,又分别把当时长江口的几个可以居人的沙洲设立行政建置,"改东洲为丰乐镇,顾俊沙为崇明镇,布洲为大安镇,狼山西为狼山镇",丰乐镇就是前镇海都镇,即今南通。狼山是山,在今南通市南郊,临长江,是旅游景点,"布州"疑即今崇明"堡镇",包括崇明方言在内的吴方言中"堡"念如 bao,与"保"同音,但崇明的"堡镇"讲作"bù 镇","堡"与"布"同音,而原"顾俊沙为崇明镇"。吴越王钱镠在夺取长江口的几个城邑后,对区域的行政区重新划分和命名,重新命名的四个镇除狼山镇使用附近的狼山外,其余三个丰乐镇、崇明镇、大安镇均使用吉祥词语。我认为,"崇明"就是一个吉祥词,即"崇尚光明",如从另一个角度理解,那就是吴越王钱镠"解放"了这里,使百姓重获光明。

清初顾祖禹《读史方舆纪要》中说:

> 崇明旧城,在县东北,故崇明镇也。志云:唐武德(618—626年)间,吴郡城东三百余里忽涌二洲,谓之东、西二沙。渐积高广,渔樵者依之,遂成田庐。杨吴因置崇明镇于西沙。宋天圣三年(1025年)续涨一沙,与东沙接,民多涉居之,而姚、刘二姓为盛,因名姚刘沙。建中靖国初(1101年)又涌一沙于西北,相距五十余里,以三次叠涨,因名三沙,亦谓之崇明沙……

如《读史方舆纪要》的分析没错的话,今崇明岛初露出水面并可以居人是在隋末唐初,后来沙岛的面积不断扩大,在成为长江口的第一大岛。沙岛是在历史过程中由江河泥沙沉淀、堆积而成的,今天的崇明岛仍在缓慢生长,不断扩大。

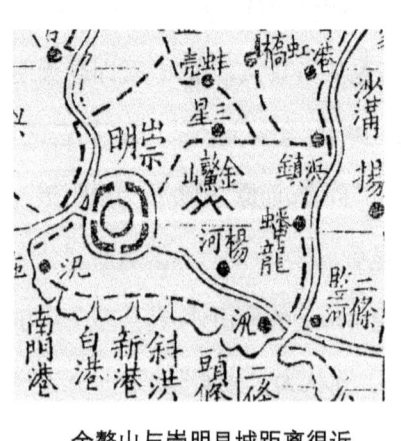

金鳌山与崇明县城距离很近

崇明县城桥镇东二点五公里处有"金鳌山公园",园中有一小山即金鳌山。崇明是长江淤泥冲积成陆的沙岛,田畴平望,不会有山。清初,盘踞南方的南明王朝不断派水军从沿海反攻清军,沿海战争不断。康熙七年(1668年),总兵张大治在崇明城桥镇东门外筑土山以为守卫,即取土山为金鳌山,后废。1917年,崇明士绅醵资重建为公园,后又废。1985年,文物部门又重建为公园,园内有明抗倭名士唐一岑墓。不过,几乎无人谈及此小土堆何以被叫作"金鳌山"。

南宋赵彦卫《云麓漫钞·卷七》中记录了一段宋高宗赵构南渡的故事,提到宋高宗南渡至台州临海县,上了一个叫"金鳌山"的地方:

> 金鳌,盖一独峰,坡陁郁茂,若鳌背然。正与栅浦相对,两浃之间,略辨牛马,东看海门,云飞波翻,渺然无际。山顶有善际寺与夫祥符塔院,绍兴三十二年始赐额。先是有人题诗云:"牡蛎滩头一艇横,夕阳多处待潮生。与君不负登临约,同向金鳌背上行。"及高庙览之,以为诗谶,求其人,不可得矣。御坐一竹椅,寺僧别造以黄蒙之。壁间有诗,云:"黄帽当年驾舳舻,东浮鲸海出三吴。中兴事业风波恶,好作君王坐右图。"不著姓名。

文中提到宋高宗认为自己看到的那首诗是谶诗,但并没有解释其何以为谶诗。元末明初大学问家陶宗仪是台州地区人,后定居今上海松江区泗泾镇。其《南村辍耕录·卷七·金鳌山》对此事作了解释,说:

> 山枕海,属临海县章安镇。初,宋高宗在潜邸日,泰州人徐神翁,云能知前来事。群阉言于徽宗。召至,以宾礼接之。一日,献诗于帝,曰:"牡蛎滩头一艇横,夕阳西去待潮生。与君不负登临约,同上金鳌背上行。"及两宫北狩,匹马南渡,建炎庚戌正月三

日,帝航海次章安镇,滩浅阁舟,落帆于镇之福济寺前候潮。顾问左右曰:"此何山?"曰:"金鳌山。"又问:"此何所?"曰:"牡蛎滩。"因默思神翁之诗,乃屏去警跸,易衣徒步登岸,见此诗在寺壁间,题墨若新,方信其为异人也。

陶宗仪同时又讲:"《宋史》但载御舟幸章安镇,而不见金鳌之详。"就是《宋史》中有宋高宗到章安镇的记录,但并没详尽记录金鳌山的故事,而他是"倡与张善初话乡中旧事,因笔之。善初,章安人也"。陶宗仪的文章中收录了多首他老乡写的诗,诗中也提到宋高宗与金鳌山的故事。陶宗仪是一位大学问家,而他的《南村辍耕录》又是一部流传广、影响大的著作,当然,宋高宗与金鳌山的故事也成了趣话,对后世的影响很大。清朝总兵张大治把自己在崇明城东垒的军事防御体称为"金鳌山",应该就是套用了这个典故,希望这里成为吉祥之地。

陶宗仪还讲了一个宋高宗在金鳌山的故事,虽与本书内容无关,但很有趣,抄录如下:

山下曰黄椒村,村之妇女闻天子至,咸来瞻拜龙颜,欢声如雷,曰:"不图今日得觌天日。"帝喜,敕"夫人各自遂便"。故至今村妇皆曰"夫人",虽易世,其称谓尚然不改。

我未去过章安镇,不知今日当地方言是否仍称村妇为"夫人"。

华亭鹤唳说下沙

鹤是一种大型涉禽，按李时珍《本草纲目》的释文："鹤大于鹄（即天鹅），长三尺，高三尺余，喙长四寸，丹顶赤目，赤颊青脚，修颈凋尾，粗膝细指，白羽黑翎，亦有灰色、苍色者。"寥寥几笔，对鹤的形象描述得很精准。鹤有粗壮的大腿，很细而长的小腿，还有很长而坚实的喙，可以在池塘、沼泽中捕捉鱼类。鹤分留鸟和候鸟两大类，中国的鹤多为候鸟，主要有丹顶鹤、灰鹤、蓑衣鹤等几种，其中丹顶鹤和灰鹤在暖天生活在欧洲的中部北部、俄罗斯的西伯利亚，入秋后南飞，在中国的长江流域或更南的地方越冬，来年开春，又往北飞，年复一年，年年如此。鹤是大型的飞禽，而且是候鸟，生活在沼泽地或近海的滩地中，真正能在自然界近距离见到它不易，能生擒活捉就更困难。所以，古人对鹤的了解和知识十分缺乏。每年开春，鹤又北飞，在欧洲或西伯利亚的栖息地交配繁殖。中国古人见不到鹤的交配、产卵、孵化，于是又有了关于鹤的种种传说。它与其他的飞禽不一样，"鹤，阳鸟也，而游于阴。行必依洲渚，止不集林木"，于是被叫做"仙禽"，它"百六十年雌雄相视而孕,千六百年形始是,饮而不食,乃胎化也",就是讲,鹤的寿命特长,而且是胎生的,它们在一百六十岁时,雄鹤与雌鹤互相对视,雌鹤就怀孕了,再过了一千多年,就胎生了小鹤,于是鹤又被叫做"胎禽"。也许就是有了鹤的种种传说,鹤在中华文化上有特殊的地位,它是长寿的象征,是高雅的典范,在明清两朝的官服中,只有一品文官才有资格在服装中绣仙鹤,使用仙鹤补子。

上海位于长江入海口的南岸,长江在注入大海前形成一个三角洲,千万年来,长江奔腾东流,注入大海,受海洋潮汐的作用,水流发生明显的变化,其夹带的泥沙在入海口沉淀下来,形成沙洲和沙岛。同样,历史上的吴淞江是太湖流域最大的河流,在它注入大海前也形成一个三角洲,就是拙著中经常会提到的"沪渎"或"沪海",这里水面辽阔,沙洲参差,水草茂盛,水产资源丰富,自然也是鹤的栖息地。

上海地区产鹤几乎与上海有记载的历史同步出现,在相当长的历史时期里,上海产的鹤就以上海地望命名,叫做"华亭鹤"。在拙著中经常会提到,上海地区古称"华亭",三国时东吴名将陆逊被封华亭侯,食邑即今上海地区,直到今天人们仍弄不清楚,是这里原来就叫做"华亭",于是陆逊被封为"华亭侯",还是因为陆逊被封为"华亭侯",这里才被叫做"华亭"。

陆逊的儿子叫陆抗,也是一位名将,他有二个儿子,即中国古代文学史上被尊之为"西晋二陆"的陆机(士衡)和陆云(士龙)。陆机十四岁就随父领兵,为牙门将,东吴灭亡后隐居家中(在今上海市松江区)。太康八年(287年)与弟弟陆云北上洛阳,以文才倾动一时,被时人称之为"二陆"。永康元年(300年)任国子祭酒、太子洗马、著作郎等职。后被成都王司马颖荐为平原内史,世称"陆平原"。太安二年(303年),成都王司马颖起兵攻打长沙王司马乂,任命陆机为前锋都督,他没能取得战争的胜利,群僚又将战败的责任赖到陆机一人身上,遂被司马颖处以死罪。《晋书·陆机传》记录了陆机临刑时对朋友讲的一段话:

"自吴朝倾覆,吾兄弟宗族蒙国重恩,入侍帷幄,出剖符竹,成都命吾以重任,辞不获已。今日受诛,岂非命也。"因与颖笺词,甚凄恻,既而叹曰:"华亭鹤唳,岂可复闻!"遂遇害于军中,时年四十三。

陆机在临死前尚无法忘怀家乡鹤在飞翔时发出的鸣叫声。《晋书》的这段记录后被编入《世说新语》,而《世说新语》又是影响深远的巨著,于是"华亭鹤唳"也成为成语,多用于感慨生平,悔入仕途。如李白《行路难》诗:"华亭鹤唳讵可闻,上蔡苍鹰何足道"。"华亭鹤唳"也省作"华亭鹤",唐白居易《苏州故吏》诗:

江南故吏别来久,今日池边识我无?
不独使君头似雪,华亭鹤死白莲枯。

鹤产华亭,华亭产鹤,多见于古籍的著录。今天江苏镇江的礁山是江中的一个小岛或山,山上有中国最早的摩崖大字石刻《瘗鹤铭》,是一位自称"华阳真逸"的人为自己豢养的仙鹤死去而写的,一般认为是南朝梁天监十一年,即公元512年写和刻的,是中国保存的最早的摩崖大字石刻。与《瘗鹤铭》的书写者有不同的说法,有的人认为是王羲之写的,有的人认为是陶弘景的字,这两位都是中国古代顶级的书法家和大名人,也使礁山的《瘗鹤铭》摩崖大字石刻成为最著名的名胜古迹之一。礁山的摩崖石刻部分已震落江中,部分文字漫漶,无法见到全文,元末明初学问家陶宗仪《南村辍耕录·卷十四·瘗鹤铭》中收有全文,文中讲:

上皇山樵鹤,寿不知其纪也。壬辰岁,得于华亭。甲午岁,化于朱方。天其未遂吾翔廖廓邪,奚夺之遽也。乃裹以玄黄之币,藏乎兹山之下。仙家无隐,我故立石旌事,篆铭不朽。

这只埋在礁山脚下的鹤就"得于华亭"。

唐朝诗人白居易也养过仙鹤,其诗有"一双华亭鹤,数片太湖石","华亭鹤不去,天竺石相随",他自己为诗加了一段注文:"余罢杭州,得华亭鹤、天竺石,同载而归。"刘禹锡《鹤叹》诗序也提到此事,说:"白乐天罢吴郡,挈双鹤雏以归,翔舞调态,一符相书,信华亭之尤物也。"当然,古人诗文中赞扬华亭鹤的词章更多,兹不列。

宋人沈括《梦溪笔谈》中讲:

鹤为鹤窠村所出为得地,余都凡格。华亭鹤相传不卵而胎,丹顶、绿足、龟趺,人称仙种。

《梦溪笔谈》被今人称之中国古代科学巨著,沈括也被尊为中国古代伟大的科学家,他也信邪,也误信传言,认为鹤与其他禽类不一样,不是卵生的,而是胎生的。我们不必苛求古人,但应该严待今日的学者。

"鹤窠"就是鹤的巢,也就是鹤的栖息地,它在华亭没问题,但它在华亭的什么地方,沈括没有讲。沈括大概没有到过华亭,"鹤窠村"地名可能是从古籍的记录中得知的,或者是道听途说而知道的。在沪方言中,"窠"音近 ku,与方言"砂"或"沙"的发声是比较接近的,"鹤窠"即后来的"鹤沙",也即今浦东新区的"下沙"(原属华亭县,元至元二十九年析华亭东境置上海县,又隶上海县,清雍正二年析上海县浦东部分置南汇县,改隶南汇。今南汇地区于"下沙"有二种读音,年老的土著念如"鹤沙",年轻人多念如"下沙",但都知道土音为"鹤沙")。宋人张荣有《过鹤沙》诗:

一条晴雪冻寒溪,寂寂芳塘路不迷。
野鹤何年海外去,荒鸡此路午时啼。
淡云欲锁千村合,丽日高烘万树齐。
闻道沙中多石笋,几时才得出淤泥。

鹤沙产鹤,见于诗文,诗中提到的"石笋"是古人为抗海潮而在沿海打下的桩基,此地后称"石笋滩",见于明《弘治上海县志·卷六·胜致》

的记录,原文为:

> 石笋滩,在下沙捍海塘外,距海三十余里,每二三丈沙汛中有石如笋者,弥望潮汐至此,其流遂分,本名"分水港",喜事者易以今名。莫原何代所建,相传,此处潮势悍激,辄坏隄防,垂聚成田。自建石笋,厥势分矣。

下沙外海,潮势汹涌,拍击堤岸,极易毁塘,于是古人在护海塘外打下石桩,试图分散涌潮,确实起到了作用,但打了石桩后,涌进来的潮水,和退回去的潮水都速度放慢了,于是泥沙就在岸边沉积,久而久之,石笋以内的滩地就成了农田。石笋也不在海里,而在海岸线或海滩边,这里就被叫做"石笋滩",址在今浦东新区新场镇。

明清以后,人们坚信沈括所谓的"鹤窠村"就是"鹤沙"或"下沙",如顾翰《松江竹枝词》:

> 东海窠村忆旧盟,一声唳亮使人惊。
> 此身本是云间鹤,不出云间不肯鸣。

顾翰是松江人,他们把松江以东靠海的地方叫做"东海"。黄霆《松江竹枝词》:

> 清唳声声彻四郊,千年不复下云霄。

华亭城郭依然在,犹有道民问鹤巢。

秦荣光是上海城隍秦裕伯的后裔,是上海史专家,其家在浦东陈行,与下沙相去不远,其《上海县竹志词·浦东故事》:

华亭仙鹤是胎生,谱载禽经旧有名。
放鹤坡边塘水古,鹤砂还有鹤窠村。

作者原注:

华亭鹤,相传不卵而胎,丹顶、绿足、龟趺,是仙种。宋沈括云:"鹤惟鹤窠村所出为得地,余皆凡俗。"按:鹤坡塘,为周浦塘南岸最大水支,由题桥市东入口,南截沈庄塘,入王家浜。《南志》:"鹤坡塘,一名鹤窠村,相传陆逊养鹤处,旁有鹤坡塘。"鹤沙,即今下沙。相传产鹤,故名。

上海东面临大海,是海盐的重要生产地。清《嘉庆一统志》于松江府下沙镇条下说:"在南汇县西。《府

元陈椿《熬波图》绘"捞洒撩盐"

志》：宋建炎中，置两浙都转运盐使司，治下沙场，兼置下沙盐场。元迁同浦镇，明正统二年又迁新场镇。"明《弘治上海县志·卷三·镇市》：

> 下砂镇称鹤沙。在十九保。去县东南六十里，县居北之上洋。镇峙南而岸海，故名。旧置盐课司于此，后迁于新场镇，而盐仓则自周浦徙居之，今亦废矣。

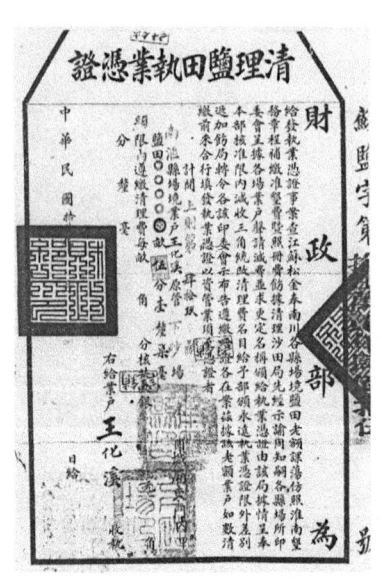

1926年财政部颁发的清理盐田执业凭证

至迟在唐朝，今上海市靠海的地方已利用海水生产海盐，南宋建都临安(今杭州市)时，为了增加财政收入，就设立两浙都转运盐司，在华亭设立分司，分司的机构就设在近海的下沙，并置下沙盐场，应该就是这个时期。为防止海潮冲垮盐场，就在距海岸的一定距离的海滩上打下了无数的石桩，也即所谓的"石笋"，但没预料到这些石桩降低了退潮的速度，加速了沿海滩涂的生长，使下沙镇离海的距离越来越远。于是，大概到了元朝，盐运使迁到了周浦镇，后来又在更靠近大海的地方建"新场镇"，所谓"新场"就是"新的盐场"的意思。

有统计，下沙盐场的海盐产量约占两浙产量的四分之一强，是中央政府重要的财政收入。上海沿海地区基本上被盐场占用，当然，盐业生产破坏了近海生态，减少了候鸟的栖息地，上海仙鹤的数量历年减少，上海人真的不复闻华亭鹤唳，今人更不知道，上海曾是仙鹤的主要栖息地。

三林塘镇是"本地"

上海是移民城市,清人写的一首关于上海的竹枝词中说:"街头巷尾皆沪语,追宗溯谱均客家"。大概讲,你在上海街头听到人人都讲上海话,实际上这些讲上海话的上海人大多是客家人。确实,像我这样年纪的上海人,如上溯一代或二代,几乎80%以上就是外地人,如再往上溯,那"客家"的比例就更高了。有了"客家"一定就有"土著",有了"外地"那一定会有"本地"。"本地"在沪语中是一个常用词,凡是上海本地种植上市的菜就是"本地菜",上海农村织的土布就是"本地布",上海种植的豆类品种不多,无非就是毛豆和蚕豆,蚕豆秋后下种,越冬生长,来年春日采摘,上海人称之"寒豆",上海本地种植的寒豆就称"本地豆",本地豆与"客豆"的外观有较明显的差别,本地豆豆荚饱满而稍短,绝大部分豆荚里只有两粒或三粒豆,而客豆豆荚瘦长,一枚豆荚里往往会有三粒、四粒,甚至五粒豆,上海人买寒豆,大多会挑选本地豆。上海是移民城市,估计上海市区的"客家"人口占85%以上,虽然土著和客家均为上海人,但人们仍习惯以自己的祖籍作为自己的籍贯,我的祖籍是福建,于是我以"福建人"自称,如是土著,那就是"本地人"自称或被人称呼了。

上海如此之大,问题在于上海市的哪些地方或区域才能被叫做"本地",这实际上涉及了历史上的行政区域的划分。在本书的篇目中多次提到,元至元十五年在今上海地区设立松江府,当时松江府下只领一个华亭县,至元二十九年,析原华亭县东北的高昌、长人、北亭、海隅、新江五个乡置上海县,到了明朝的嘉靖、万历年间,又将上海县的北亭、海隅、新江三乡,以及华亭县的部分划出来建立青浦县,于是,上海实际上只有高昌和长人二个乡,到清雍正二年(1724年),又析上海县长人乡浦东的东部置南汇县,到清嘉庆十年(1805年),又析上海县高昌乡在浦东的部分和南汇县的部分置川沙厅,民国初又改川沙厅为川沙县,于是,上海县只剩下原来浦西的全部和浦东近黄浦江的部分。中国人的地域或乡土观念是很强烈的,就像前若干年分原四川省的部分建立重庆市后,重庆人就不愿再称自己为四川人,而称为重庆人一样。南汇、川沙与上海是平行的县级行政区划,南汇、川沙人是不会自称"上海人"的,当然,他们也不肯在上海人面前自称"本地人",上海人也不视他们为"本地人"。所以,在上海所谓的"本地"是指原上海县境内的本地,其区域相当于今上海市中心区、闵行区、长宁区以及浦东近黄浦江的区域。

浦东的三林镇又称"三林塘"或"三林塘镇",距上海县城(即上海城城厢)仅九公里,黄浦江的支流——三林塘流经三林镇,从水路到上海十分方便。三林镇也是当时上海县最偏远的乡镇之一,清宣统元

浦东三林塘镇的"三月半圣堂庙会"

年,清廷颁《全国城乡镇自治章程》,规定人口不足五万的地方设乡,1911年,设三林乡,乡公所就设在三林镇,三林乡面积约三十三平方公里,也是近代上海市区面积最大的乡之一。清代以后,三林是上海城市副食品的主要供应基地,那里产的物品往往被人们称之为"本地"货,于是,不少上海人往往会把"三林"与"本地"混为一谈。

明《弘治上海县志·卷二·镇市》中记录当时被称之为"镇"的地方有十个,它们是吴会镇、乌泥泾镇、下砂(沙)镇、新场镇、周浦镇、盘龙镇、青龙镇、唐行镇、三林塘镇、八团镇,其中吴会镇、乌泥泾镇早已经消失,唐行镇(即今青浦城厢镇)、青龙镇在析上海县部分置青浦县时就划归青浦县,而下砂镇、新场镇、八团镇(即今川沙)在清代又划归南汇和川沙县,上海县仅剩三林塘镇和周浦镇。《弘治上海县志》还讲:

三林塘镇,在二十四保。去县东南十八里。虽非古镇,而民物丰懋,商贾鳞集,且俗好儒,彬彬多文学之士,他镇莫及焉。市之南隅,新有义塾。

如此看来,三林称"镇"大约在明朝中期,但并不见得它的历史不悠久。《嘉庆上海县志》中说:"三林塘镇,在二十四保,昔东、西塘有大姓林氏,故名,相距三里。今西塘仍盛,东塘寥落非故也。"这段文字太简,今人读起来难得要领。清秦荣光《上海县竹枝词·浦东故事》中说:

分住东西中处三,乐耕翁宅盛丁男。

三林十里庄传宋,巡检元官父老谈。

作者原注:"三林庄,相传昔有大姓林,分居东、西、中三处,故有东林、西林、中林之名。天一图,有宋隐士林乐耕翁墓,即大姓始祖也。元于此设三林庄巡检司,明嘉靖后,移驻周浦。"大概在宋朝时,有一叫林乐耕的人率家族徙居到今三林地区,林家人丁兴旺,后代就分作几支,分别住在三林塘沿岸,形成了东林、西林、中林三个自然村,于是该地方合称"三林",当然,那条河也被叫做"三林塘"。早在元朝,还在这里设有"三林庄巡检司"。

棉花是热带和亚热带植物,在热带地区可以长到六米高,一般的为一到两米,棉花的纤维是纺纱织布的上佳原料。古代,中国只有海南岛等南方地区种植棉花,以其为木本植物而被叫做木棉,长江流域及以北的地区不种植棉花。所以，从南方运到北方的棉布很贵，一般不用来制衣，而用来抄写经文，于是被叫做"吉贝"。大概从南宋起，由于上海地区濒海，土地贫瘠，不宜种植，于是上海人通过与福建的贸易引种棉花，但棉花的后期整理、加工很难，所以种植量不大。元朝时，有一位叫黄道婆的女子从海南岛漂泊到上海，她带来并改进了棉花的纺织技术和工具，使棉花成为上海的主要经济作物而全面推广。一直到20世纪七八十年代，上海仍是棉花的主产区。我读中学时，学校每年会在初夏和深秋组织下乡劳动，初夏的下乡劳动就是帮助农民"双抢"，也就是抢割稻子，抢种棉花，而秋日的下乡劳动就是"三秋"，我已记不清这"三秋"是指何三种庄稼的秋收，但一点是肯定的，那就是"捉花"，也就是采摘棉花。有了棉花，就有纺纱织布，叶梦珠是明末清初上海人，其《阅世编·卷七·食货五》说：

> 棉花者，吾邑所产，已有三等，而松城之飞花、尤墩、眉织不与焉。上阔尖者，曰标布，出于三林塘者为最精，周浦次之，邑城为下，俱走秦、晋、京诸路，每匹约值一钱五六分，最精不过一钱七八分至二钱而止。

棉花本来就可以卖钱，纺纱织布是女人的事，不受时间、地点限制，在家里就可以完成，妇女们在家里纺纱织布，又是一笔收入，而三林的标布是最卖得出价钱的布。

以前上海也种植西瓜，三林塘一带种植的西瓜叫崩瓜，大小如人头,外形似土豆那样不圆整,不规则,于是也被叫做"马铃瓜"。我童年的时候,如小朋友的头长得不圆整,往往会被人们起一个"崩瓜头"的绰号,而"崩瓜"又写作"浜瓜"。据说,这种瓜的皮薄而脆,人们夸大地讲这种瓜闻雷即崩裂,于是被叫做"崩瓜";也有人说,三林塘的西瓜主要是用小船装运进上海城里,沿浜设摊货卖,于是叫做"浜瓜"。人们不必刨根究底,反正,不论何说,都很有趣,可惜三林塘浜瓜早已消失了。

随盐业兴衰的新场古镇

元朝至元二十八年(1292年)析原华亭县东部的高昌、长人、新江、北亭、海隅五乡建上海县,松江府下只有华亭和上海两个县,上海县的面积是比较大的;到了明朝嘉靖、万历年间,又析上海县的新江、北亭,海隅三县和华亭的二个县建青浦县,上海县只剩下高昌、长人两县,面积缩小了一半以上;而到了清雍正二年(1724年),又析上海县长人乡的东部建南汇县,后来又析上海县高昌乡的部分置川沙厅,后改川沙县,上海县的面积又缩小了许多。先写这一段文字只是说明,后来的南汇和川沙之地在清朝和以前是属于上海县的。今浦东新区新场镇原来属于南汇县(区),前几年拆销南汇区并入浦东新区,也就是讲,在清雍正二年以前,它又属于上海县。

《读史方舆纪要》在"松江府上海县下沙镇"词条下说:

新场镇,在下沙南九里,一名"南下沙"。元初,建盐场于此,场赋为两浙最,贾贩甚盛。嘉靖三十二年,倭贼据新场,大为东南患。

明《弘治上海县志·卷二·镇市》：

> 新场镇，距下沙九里，以盐场新迁而名。赋为两浙之最。四时海味不绝，歌楼酒肆，贾衔繁华，视下沙有加焉。而习俗浇伪，又下沙所无也。延佑初，里士瞿时学访吴潜读书处，营置义学，今无遗址可考矣。

在《华亭鹤唳说下沙》一文中已经提到，上海的东边靠海，是海盐的重要产区，下沙原来靠海很近，于是，盐场的主管区设在下沙；上海是冲积成陆之地，江河夹带的泥沙在进入大海时，受到海洋潮汐的作用，水流发生明显地变化，泥沙沉淀下来，使海岸线不断向东推进，即使今天，上海的海岸线仍在不断向东延伸。下

元陈椿《熬波图》绘"上卤煎盐"

沙盐场已沿用了许多年，大概到了元朝的中后期，下沙离海岸线越来越远，已经不适宜作为盐场和盐场的管理机构，于是只得另选靠海更近的地方建立盐场，这个地方就是——新场，当然，新场就是"新的盐场"的意思。由于盐场的建立就促使了新场的繁华和新场镇的出现，

可惜，旧志大多只提到新场或新场镇出现的大概年代，那就是元朝末年或明朝初年。

新场在历史上又被叫做"石笋里"、"石笋滩"、"石头湾"等名，据说，古人经常会在新场附近的地下挖到形状似笋的石头，于是才有了这样的名称。如清南汇人倪绳中《南汇县竹枝词》中咏：

新场西去石头湾，石笋滩中石色斑。

知否瞿塘三峡险，二千余里路弯环。

作者原注："石笋滩当五灶港曲折处，今名石头湾。土人言，河底尚有青石片，下掘无底止。《一统志》：'瞿塘三峡，下有暗礁，自宜昌上流至重庆，川江航路，无过此'。"丁宜福《申江棹歌》：

丹霞洞古草珊珊，石笋嵯峨插水湾。

八景荒凉仙迹杳，海云遥护叶家山。

作者原注："石笋里，即今新场镇。镇有八景，丹霞洞，为麻姑炼丹处，即八景之一。叶家山，里人叶铭所筑，古木交荫，有山林气象。"清程麟趾《此中人语·卷五·石笋里》：

新场，一名"石笋里"。相传国初时，北市落乡产一石笋，长几及丈，其形与竹笋无异。今几经兵燹，古迹无存，余亦未免有向隅之感耳。

程麟趾是清朝人,他讲的"国初"就是清朝初年,他还听说,在清朝初年,人们还在新场落乡的地方挖到一种长达一丈,形状像笋的石头,不过,到了他的年代,再也没有人挖到和见到这种石笋。古迹、文物的遗失,未免使人产生一种乡愁,向隅而泣的悲哀。

上海的东部是冲积成陆之地,也就是讲,在很久很久的古代,这里还是一片汪洋,夹带泥沙的河流注入海洋时,受到海洋潮汐的影响,水流和流速发生了变化,泥沙沉淀下来形成滩地,使海岸线不断缓慢地向东推进,也就是讲,上海东部的土地以泥沙土为主,不会,也不可能有岩石,人们不清楚,在新场一带的土地下怎么会埋藏着那种"长几及丈,其形与竹笋无异"的石头。

新场在明朝属上海县,明《弘治上海县志·卷六·胜致》中说:

> 石笋滩,在下沙捍沙塘外,拒海三十余里。每二三丈沙汭中有石如笋者。弥望潮汐,至此其流遂分。本名"分水港",喜事者易以今名。莫原何代所建。相传,此处潮势悍激,辄坏堤防,垂聚成田,自建石笋,厥势分矣。

下沙是古代的盐场,至迟在宋朝时,这里离大海不远,人们在这里平整滩地,建立盐场,抽取海水,熬海煮盐。但是,沿海海浪很大,尤其到了月初和月中大潮来临,水位上升,海潮更大,人们为了保护盐场,就在下沙外的海滩上投放或插入巨大的条石,用来阻挡或减缓海潮的冲击,目的在于保护盐场。正如《弘治上海县志》中所讲的,"弥望潮汐,至此其流遂分",直到今天,这种方法乃广为使用。但是,当初的设计者疏忽了一个问题,那就是长江和钱塘江等河流均是含泥沙量较大的河流,江水中的泥沙在入海后会沉淀下来,而那些插入海滩的"石笋"一方面可以减缓海潮的冲击力,起到保护盐场的作用,而另一方面,它又阻挡了海潮退归大海的速度,加快了泥沙在海滩沉淀的速度。今天,人们也利用在海滩堆积堤岸的方法来"围海造田",也就是讲,"石笋"又加快了海岸线向东推进的速度,有所谓"沧海桑田"之说。当海岸线继续向东推进后,下沙盐场与大海的距离渐行渐远,煮盐的成本越来越高,人们只得放弃下沙,另觅新场,那些插入沙滩的"石笋"也随着滩涂变成陆地而被埋入地下,再过了若干年,当人们在地下挖到这种形状似笋的巨石后,已弄勿清这些"石笋"是从哪里来的。

新场因盐而兴,旧时,民谚有"十三牌楼九环龙,小小新场赛苏州"之说,所谓"环龙"就是环龙桥,是江南对石拱桥的称谓。江南是水乡,河流纵横,水渠密布,舟楫也是江南人民出行和运输的工具和方法,为了保证船只的通行,水乡城市多环龙桥,新场镇里的九座环龙桥分别叫:白虎庙桥、千秋桥、洪福桥、衙前桥(又叫"众安桥")、永宁桥、义和桥、杨辉桥、众安桥、玉皇阁桥,合称"九环龙",后来有人将这些桥名重新排列,并作联语曰:

青龙白虎齐洪福,受恩千桥得众安;

东仓西仓共余庆,广济万福享太平。

这也成了新场的趣事。

新场因盐而兴,亦因盐而衰,到了明朝末年,整个的上海煮盐业衰落,新场也开始衰落,到了清嘉庆年间,"新场镇"的建置也从地方志中消失。清末,清廷颁布《全国城镇乡自治章程》,规定地区人口超过五万者可以建立"镇",人口低于五万者可以建立"乡"。1909年,新场地区建立新场乡,乡政府所在地习惯上仍称为"新场镇"。新场港纵贯新场古镇,又有五灶港、南六灶港从古镇南、北流经古镇,河流把古镇划成"井"字形状。古镇的建筑依水而建,也使小桥、流水、人家呈"井"字形分布,不少住宅的正面临街,背面依水。船是古镇人必备的代步、运输工具,古镇沿河分散着许多状似牛鼻的栓船石构件,当地人称之"牛鼻";镇上的小河大多是行船的,在经济发展的时期大多在河上建"环龙桥",后来大多改为平桥,为了保证小船通行,必须抬高桥身,于是路与桥之间增加台阶,因形似马鞍而被叫做"马鞍桥"。

上海或吴方言有"金田螺钓玉蟹"的谚语,词面的意义就是用贵重的金田螺勾引比它更贵重的玉蟹,即为达到某种目的不惜牺牲,因为金田螺的价值昂贵,用它去钓玉蟹,有可能反被玉蟹吃掉,谚语又喻得不偿失。新场镇有一"玉蟹桥",原名"宝善桥",民间传说,清嘉庆年间,一位江西人在九华山学道多年,得到高师指点,学得识宝之法,他来到新场镇,发现宝善桥下有异样,就在此蹲点,果然发现桥附近的稻田里有一只硕大无朋的金色田螺,他拨开田螺就发现一只蟹洞,并从洞里勾出一只玉蟹,于是该桥被当地人叫做"玉蟹桥"。此类的民间故事很多,如认真收集,也许真能编出一本《新场镇民间故事集》。

1949年以后,新场长期属南汇县和南汇区,这里偏离上海市区,经济发展相对迟缓,也许正是这个原因,新场镇较好地保存了江南水乡古镇的风貌,2009年撤销南汇区并入浦东新区,新场古镇已被评为"中国历史文化名镇",古镇保护和利用得以落实,也许,不需几年,它将成为上海的旅游胜地。

白莲泾与浦东的白莲教

白莲泾是黄浦江浦东的大支流。据清《同治上海县志·卷三·河道》中记:

> 白莲泾,此由县(指上海县城,即今老城厢)入南汇各路之大干河,亦为里河(指不直接通海的河)。浦口有姜家渡。东南折流,经六里桥、严家桥、徐家桥,入南汇境;东至张江栅(即今张江),通都台浦(即西沟港);一支从北蔡逍遥泾至周浦、八灶等港。

从现在的上海地图上还能看到,白莲泾是黄浦江浦西支流,在今南浦大桥引水东流,经六里,严桥、龙王庙、北蔡,并入三八河(旧名曹家沟)全长约22公里,可以通航。看来,历史上的白莲泾比现在长多了。在现代生活中,河道似乎与市民没有直接的关系,所以上海人也不太注意和关注河道。知道上海有白莲泾这条河的人不多,但在白莲泾黄浦江口,若干年前还有一个白莲泾码头,是一个石灰的专用码头,码头附近整日蓬尘飞扬,码头附近的一片区域就被叫做"白莲泾",是浦东的一个平民区、棚户区,人们知道的"白莲泾"就是这片区域,而不是河流。在"世博会"即将召开前,白莲泾被划入世博会园区,这里的居民全部被动迁,也许,若干年后,这个"白莲泾"的居民区地名会被人们忘记。不过,我建议应该把"白莲泾"作为历史地名保护和继续利用。

"白莲"是一个比较特别的名词,中国古代佛教中有"白莲宗"和"白莲教",这个"白莲泾"与历史上的"白莲教"是否有一定的关系呢,且听我细细叙来。

上海辞书出版社出版任继愈主编的《宗教词典》:

【白莲宗】 佛教净土宗一派。其信徒被称"白莲菜"。南宋初茅子元创立。据《莲宗宝鉴》,他先学天台宗教义,习止观禅法,后慕东晋慧远建白莲社遗风,"劝人归依三宝,受持五戒","念阿弥陀佛五声,以证五戒",编成《莲宗晨朝忏仪》,代众生礼佛忏悔,祈愿众生往生净土。在平江淀山湖(在今上海青浦县西和江苏昆山县南)建立"莲宗忏堂",自称"白莲导师",劝众人信奉净土教义。认为禅、净一致,弥陀即为众生本性,净土即在众生之心,只要"信愿念佛",即使"不断烦恼,不舍家缘,不修禅定",死后皆可往生净土。自以"普觉妙道"为宗名。曾被官府以"事魔"罪流配江州(今江西九江),后被赦。孝宗乾道二年(1166年)应诏在德寿殿宣说教义,受赐号"慈照宗主"。著有《圆融四士图》《弥陀节要》《法华百心》《偈歌四句》《佛念五声》等。据传,该宗教徒"谨葱乳,不杀不饮酒,号白莲菜"(《佛祖统纪》卷四十七)。后有小茅阇梨继承子元之教,盛行南方。元武宗至大元年(1308年)五月,敕禁白莲宗。庐山东林寺普度(?—1330年)著《莲宗宝鉴》传此宗教义,于同年十月表进,受命为教主。元英宗至治二年(1322年)以后遭禁。此后与弥勒信仰等相混合,称白莲教,成为民间秘密宗教之一。元末农民起义曾加以利用。明清时期遭严禁,但仍在民间秘密流传。

白莲宗或白莲教起源于今上海市的青浦区,其对上海影响之大可想而知。白莲教只要"信愿念佛",即使"不断烦恼,不舍家缘,不修禅定",也就是讲不必断绝世俗,不必离开家庭,也不必按照佛教的清规戒律修行,同样可以修成正果,所以,白莲教是一种更世俗化的宗教,这一种"廉价"的广告和号召的世俗的影响是深远的,使上海地区的许多家庭和个人信奉了白莲教。白莲教名义上是佛教的净土宗和天台宗,而实际上又大量参入道教思想和元素,弄得佛不佛,道不道,直到今天,上海的传统宗教中,佛道混杂是很普遍,佛教的寺院中供关公,城隍庙里供观音,使许多人弄不懂,这白莲教是佛教还是道教。

自南宋初年"白莲忏堂"在今上海青浦创建后,由于白莲教在信仰和组织上的宽容性,在上海地区发展很快,并出现了自称"莲宗"或"莲华教"的寺庙。今天的浦东"三林"在古代分作东林、中林、西林三个大的村落,均是以林姓居住民为多而得名的,其中又以"西林"为最大。如清秦荣光《上海县竹枝词·浦东故事》:

分住东西中处三,乐耕翁宅盛丁男。

三林十里庄传宋,巡检元官父老谈。

作者有一段说明:

> 三林庄,相传昔有大姓林,分居东、西、中三处,故有东林、西林、中林之名。天一图,有宋隐士林乐耕墓,即大姓始祖也。元于此设三林庄巡检司,明嘉靖后,移驻周浦。

清乾隆年刊印的《西林杂记》中讲,作者发现一块古碑,"是碑向卧城隍庙墙阴。余于乾隆丙寅(乾隆十一年,公元1746年)秋见碑首'西林忏院'四篆字,乃移之院内。碑后云:'咸淳八年庚午',考八年系壬申,不知何以误作庚午。字画亦草草,不类荪璧手笔。《佩楚轩客谈》:'金应桂,字一之,能欧书,晚居西湖,筑荪璧山房。'此碑疑是嫁名荪璧。"虽然《西林杂记》作者怀疑该碑是有人冒名两浙西路提举常平使金应桂写的,但该碑是宋碑是没有问题的。该碑文已漫漶,缺字严重,因是古迹,作者还是将碑文抄了下来:

> 法师之孙文逸(下缺二十字)结莲社诱掖庶彦又本年(下缺五字)福远(缺)法师之(下缺九字)大而新之金碧相辉(缺)为宝所(缺)莲华教……

看来,至迟在南宋后期,白莲教已进入浦东,并建了规模不小的"西林忏院"。

《西林杂记》还收录了刻于南宋淳祐庚午(淳祐十年,1250年)的西林《积善教寺记碑》全文,是研究上海及浦东历史的珍贵史料,我没见有人引用全文,见到有学者引用部分碑文,但误抄严重,故将全文抄录如下:

> 云间为浙右壮邑,乃野畛所逮,虽下乡僻里,海壖江浦之聚,亦土壤衍沃,民俗蕃庶,积帑之家,所向而有,皆乐善好施,以浮屠氏为依倚,故幢刹之严,参差相望。西林去邑不十(疑为"百"之误)里,东越黄浦,又东而汇北,其南抵周浦,皆不及半舍。寺之在周浦者曰"永定",在黄浦者曰"宁国",而西林居其中,盖所谓江浦之聚也。里故无寺,绍兴戊寅,有比丘师净,行化爰止,亟思启导里人,培植胜业,请于迪功刘均及长者孙氏,得地百亩,创庵以憩游□。未几,正信响应,乃益奋励,广求潜度,日以增斥为务。逮淳熙间,而法堂、方丈、斋庐、库藏,轮奂一新。嘉定初,又得永定七古佛,就供堂上,即之以求福者尤众。先是净梦白莲七支擢秀于堂之所,谂为瑞相,拟作大殿于其处,未遂而寂,其徒梦晖嗣之,因徐昌纯劝发运属叶君纯佑为大檀越,鸠材庀工,毕力兴建,卒成其师之志。以奉所得七佛者,前梦至是符焉。晖之法兄道全,又致叶君亨珉,营缔轮藏,饰以众室,载三乘法,巨镛范金,华鲸肖桐,诸庄严具,靡不称是,而寺之全体既先定。淳祐壬寅,始白之

礼部,甲辰乃得钱唐积善寺废额,甲乙焚修,式延云水,而净之派孙文暐,复募作重门缭垣,以谨中外之限,绪役悉周,遂于"永定"、"宁国"鼎峙而立。大不竞雄,小不谦卑,翼翼靓深,丹碧相辉,林烟野霭之中,化城倏现眉目之境。噫!亦盛矣。相厥由兴,固以土俗沃庶,大家好施之力,有以效之;然非师之净启导有初志愿坚果,安能成就殊胜如此。予尝识暐之子文伟于竺峰,一日拿扁舟问予泽居,请记述之文以图不朽。夫三世协勤,四檀委输,载祀九十,厥有成绩,乃似乃续,龛灯炉穗,誓以丰年美俗,回响盛明,其事有可尚者,故受简而不辞。盖尝论之,甲乙序承,所以杜外攘毁圮之患也。彼其传持之外,滥窃成风,掩袭而来,卷蓄而去,视所在之废兴,若越人视秦人肥瘠,此诚末世丛席之弊;至于为甲乙者,独无弊哉。继已完之业,享不世之功,有房楣以自安,无规级以相持。贪营利养,则赀益厚而业益增;择取便私,则身愈佚而名愈玷。举前人劳苦之所办,适足以为容,非蕴蓐之地,曾市区贾肆之不若者,则其弊又在此不在彼,而致覆者,辙相蹈也,可不切鉴而痛革之乎!予雅有叹于是,故因伟之请,得诵言以遗之,于以贻戒来者:其必思经创之艰难,念信施之勤厚,日夜求其师之所以为教者,勉策胜进,茂养斯人之善心,俾能顺保其沃庶富乐之盛,以相与绵及于无穷之众,各获其所愿云。淳祐庚戌十月既望,蒙城高子凤撰。

南宋,上海尚未建县,故碑文中的"邑"应指华亭邑,即今松江城厢镇,

"西林去邑不十里"是指西林距华亭县的距离,故疑"不十里"是"不百里"之误。西林一带古时没有寺院,南宋绍兴戊寅(1158年),有一位叫净的僧人来到西林,传播佛教,得到迪功郎(小官职名)刘均和长者孙氏的帮助,弄到了百亩的土地,建立积善寺,僧净曾做了一个梦,梦见积善寺的大堂前开出了七支白莲,而在嘉定初(1208年),积善寺得到永定寺的七寻古佛,于是又出资重建大殿,把七尊佛像供在那里,这七尊佛像验证了僧净梦见的七支白莲,于是,新建的大殿就叫做"白莲堂"。也正是有了这个神话故事,百姓深信不疑,使积善寺的影响更大,使积善寺和宁国寺、永定寺鼎足而三,成为该地区最主要的佛寺,而"七支白莲"的故事也使白莲教成为主要的教派,而附近就有一条河流流经西林,位于积善寺旁,于是,有了"白莲堂"与"七支白莲"的故事,这条河就被叫做——白莲泾。浦东的积善寺和白莲堂早就毁了,唯有这条白莲泾还能告诉人们,这里曾发生过的故事。

高桥有多高

浦东的高桥也算得上知名度较高的地名,在高桥镇的南面有一条不算大的河浜,当地人称之"界浜"。因工作上的关系我去过高桥多次,许多人问我,这"界浜"是什么意思。实际上,"界浜"就是界河,高桥的"界浜"就是原上海县与宝山县的界河,浜南是上海县,浜北是宝山县,位于浜北的高桥镇在历史上是属宝山县的。

清代有一部《江东志》,这"江东"就是今浦东界浜以北地区的别称

高桥挺高的

或旧名,该《志》开头就解释:

> 江东属直隶太仓州宝山县依仁乡八都宋曰"临江"。因在黄浦之江东,俗称江东。

这应该是宝山人对这块地域的称谓,以其是宝山县在黄浦以东的土地,故称"江东"。《江东志·卷一·镇市》:

> 清浦镇,城西南,以清浦港得名……市居稠密,商贾亦繁……自倭奴纵炸,巍房煨烬,廛舍延烧,暗然石守,经遭烽火,居人窜徙殆尽,后业者希(稀),浜港渐淤,市舶不通,镇日冷而辏集于南,遂兴高桥。

清浦镇是浦东地区的古镇,在宋朝叫"临江",后以镇临清浦港而称清浦镇,这里是通往大海的必经之地,人口稠密,商业繁华,明嘉靖年间,近海倭患严重,古镇多次遭倭寇洗劫,百姓逃离城镇,使清浦镇冷落了,城镇衰落,河道也没人清淤而淤塞严重,于是,在原清浦镇的南面又兴起、形成一个新的镇,那就是高桥镇。原清浦镇在今高桥镇北约一点五公里处,似乎已没有任何遗迹可找了。

"高桥"地名早见于明嘉靖的记录,清雍正二年(1724年)析嘉定县东部置宝山县时,正式设立宝山镇。关于"高桥"名称的来历,坊间有这样的传说:当地住着一支高姓宗族,他们希望用自己的姓氏来作为此地的地名,遭到其他宗族的反对,就编了一个故事,说高姓的祖先在迁到这里前做了一个梦,梦中有神仙指点,说你们必须搬迁到另外的地方,那里有一座很高很高的桥,你如正月初一站在桥上往下扔一枚铜钱,一直要到十五才能听到铜钱掉到水里的声响,于是高姓就搬迁到这里,确实这里有一座很高的桥。这个故事传开后人们就把这里叫做——高桥。当然,这只是一个离奇的故事而已。至于这里为啥被叫做"高桥",倒是《江东志》有较客观的解释,说:

> 高桥镇,城西南二里(这里的"城"是指老宝山城),以桥得名,桥不高而名颇著。

原来,这里确实有一座叫做"高桥"的桥,但这座高桥并不算很高,但它的名气却不小,于是就用这座桥称镇为——高桥镇。

我们知道,历史上的吴淞江是太湖流域最大的河流,在相当长的一段时期内,它就是府与府或县与县的界河。明朝,浜南是青浦县和上海县,浜北是嘉定县;清朝,浜南是青浦县、上海县、川沙厅,浜北是嘉定县、宝山县。所以,浦东的"界浜"实际上是旧吴淞江的最下游的一段,在现在的地图上还能发现,浦东的界浜与黄浦江对岸的今属杨浦区的"虬江"是隔河相望的。由于明朝永乐的水利工程中,开挖出一条江面很宽的黄浦,黄浦在这里把吴淞江(虬江)切成二段,后人才逐渐忘记,浦东的界浜就是浦西虬江的"尾巴",否则,古代的吴淞江又是从哪里注入大海的呢?!

上海市历史博物馆藏有一份记录高桥历史和故事的《迁桥筑路记碑》拓片，碑文讲：上海地濒大海，古代是海盐的重要产区，在今天的高桥镇以东有一清浦盐场，始建于宋朝，附近分散居住着许多的渔户，界浜则是沟通黄浦与沿海的主要河流和航道，沿海生产的

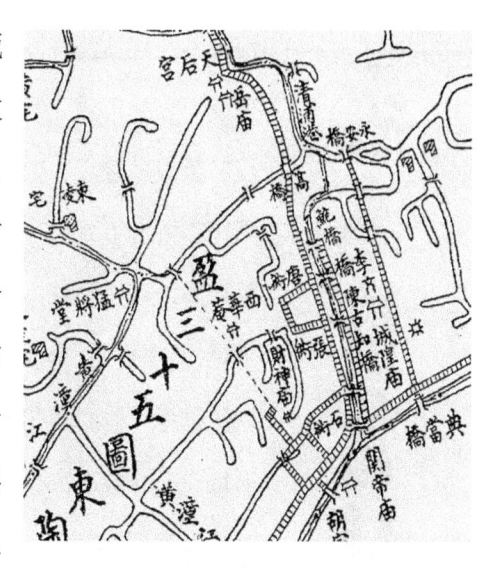

清末高桥镇地图

盐，渔民捕捞的水产就是通过界浜运到上海，商人也把沿海百姓需要的粮食、日用品通过界浜送到沿海，每天有许多船只在这里穿梭。为了确保正常通航，也为便于两岸人民往来方便，在很久以前，当地就造了一座高三丈的环龙桥，于是就被叫做"高桥"，高桥地区或镇就是以这座桥得名的。但是到了乾隆年间，主要是清浦盐场已彻底衰落，盐民迁居他处，往来于这里的船少了许多，界浜也因无人清淤而淤塞严重，河道不能通航，周边的农田灌溉也受到影响。乾隆五十年(1786年)，人们就在附近另外开挖了一条河道，当时，"防廉周公以桥为镇所得名，更宜重建"，一位周姓的官吏认为这座高桥是当地的古迹，而且高桥镇还是以这座桥得名的，于是当地人追加投资，把这座高桥移建到新开挖的河上。1927年南京国民政府成立，同年，上海建特别市，高桥地区就从宝山县划出，划入上海特别市。上海又决定把高桥建为滨

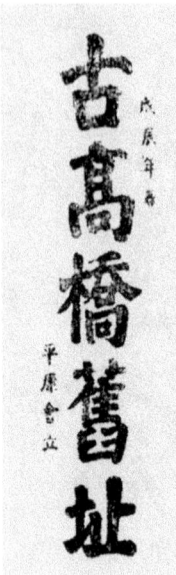

古高桥旧址碑拓片，碑今在高桥镇闹市

海旅游区，在这里兴建滨海浴场、度假区等，并投资建设配套的市政工程和设施，原来的桥徒供观瞻，反劳负载之登涉，人们在镇那条河筑马路时，就把那座高桥拆了。有时候，城市的建设和保护会是一对矛盾，当时的高桥人面对此无奈之举，"恐后阅志书者，情势更易，事实更易，爰志其涯略，镌立此碑以资稽考"，他们就在高桥的原址立了一块"古高桥旧址"的石碑，这块石碑至今仍在高桥镇的街上。

当年，上海市决心把高桥滨海建为浴场，使上海人有机会到海边接触大海。实际上，高桥滨海仍处于长江口，这里是江海相混的"三夹水"，滨海为滩地，水质混浊，并不适应下海游泳，再加上1932年和1937年的"一·二八"和"八一三"淞沪战争，高桥建设基本结束。但是，高桥这一地名在上海的知名度大大上升。1990年，经国务院批准，在高桥镇东面近海处设"外高桥保税区"，规划面积达十平方公里，又使高桥的知名度进一步提升。也许，上海人应该更多了解高桥的历史，知道更多关于高桥的故事。

洋泾浜与洋泾镇

浦西杨树浦河(沿河的马路叫兰州路)对岸的浦东有一条叫"洋泾港"的河流，与港相近有一条与之平行的"北洋泾路"，实际上洋泾港原来的名称就叫"北洋泾"，地铁6号线在近北洋泾附近设有"北洋泾路站"，在车站附近还有一个"洋泾镇"。历史上，浦西有一条叫"洋泾浜"的河流，近代以后，洋泾浜北岸建了英租界，南岸是法租界，这条洋泾浜就成了英、法租界的界河，"洋泾浜"也成了上海租界的代名词。上海租界里流行一种以上海话为主，夹杂着许多英语词汇的语言，它就是"洋泾浜语"。租界是"十里洋场"，租界里生成的中西合璧、亦中亦西、勿二勿三的风俗、习惯、流派，人们噱之曰"洋泾浜"。这条洋泾浜在1914—1916年被填平筑成爱多亚路，也就是今天的延安东路。洋泾浜消失已百年，但"洋泾浜"作为沪语俗语沿用至今，而且还成了汉语的常用词语。我到浦东开会，经常会有人问，这浦东的"洋泾"与上海的洋泾浜是否有啥关系，这确实是一个有趣而难回答的问题。

浦西的西洋泾浜

"洋泾"作为河流名称至少在明朝就出现了,如明《弘治上海县志·卷二·山川·水类》中记载:

> 洋泾,在二十四保。
> 白莲泾,在二十四保。

古代上海,县下为乡,乡下为保,保下为图,保的区域比今日的"区"小,比"街道"、"镇"大,二十四保的区域包括今上海市中心区的浦西和浦东,今陆家嘴地区旧属二十四保。由于这段记录太简,我们难以知道这条"洋泾"的源头和流向。不过,在以后历年修的《上海县志》中,洋泾被拆成二条,在浦西者叫做"西洋泾浜",清《同治上海县志·卷三·河道上》是这样记录的:

> 西洋泾浜,在方浜北。东引浦(即黄浦)水,入八仙桥西流。北通寺浜,西通长浜,南通周泾。

历史上的上海是江南水乡,河流纵横,湖泊密布。旧上海地方志单独称"浦"的河流一般特指黄浦,近代以后,外国人把黄浦写作 Whangpoo Rever,多了一个 rever,于是又被汉译为"黄浦江"。同样,"泾"本来就是河流通名,一般指细而长的河流,原来的"洋泾"也被多了一个"浜"

1914—1916 填洋泾浜筑路，工程前利用河浜铺下水道

而被叫做"洋泾浜"。引文中的"八仙桥"是洋泾浜上的桥，在今西藏中路附近，寺浜是苏州河南岸的支流，今天黄浦区慈溪路旧名"寺浜路"，即填寺浜筑的马路，周泾也于1914年被填平筑路，相当于今天的西藏南路的北段，长浜是与洋泾浜相接的河流，相当于今天的延安中路。今天的西藏中路和西藏南路原来是叫做泥城浜和周泾的河流，在1900年之前，它们也是英租界和法租界的西界。租界筑的东西向马路均到这里为止，如今日的北京东路、南京东路、金陵东路等的西迄点均在西藏路，唯有延安东路越过西藏路，以成都路为迄点，原因就是原来的洋泾浜延伸到这里与长浜相接。

浦东的东洋泾浜

既然有"西洋泾浜"，那就应该有一条"东洋泾浜"，《同治上海县志》中有记载：

东洋泾,浜口为土塘堵塞。东南通高行浜,西通蒋家浜在陆文裕墓侧,有渡曰洋泾渡。

陆文裕即陆深,谥"文裕",陆家嘴即以陆深家族世居此地而得名,他的墓在旧海兴路西侧,东宁路北侧,即今陆家嘴处。历史上的吴淞江是太湖流域最大的河流,它承担太湖流域的排洪和蓄水重任,一旦吴淞江流水不畅,当太湖洪峰到来时不能及时将其排入大海,这里就会被淹而成水乡泽国。同样,如吴淞江蓄水不足,又会造成旱灾。所以古人十分重视吴淞江的水利建设,至迟在北宋,人们沿吴淞江每隔数里就开通一条吴淞江的大支流,这种河流一律称之为"浦",今上海称"浦"的河流仍较多,如赵屯浦、桃浦、彭浦、杨树浦等。原来的黄浦也是吴淞江的大支流,从南宋后期开始,吴淞江下游淤塞严重,因吴淞江水流不畅而引发的自然灾害严重,到了明朝永乐年间(1403—1424

浦东的洋泾和上海的洋泾浜本来是同一条河,图为上海洋泾浜

年),政府决心花大力气根治吴淞江。水利大臣夏元吉听从了浦东人叶宗行的建议,决心放弃今江桥以下的吴淞江下游河道,另外开挖一条河流引江水东流,同时,加宽挖深原来的上海浦,引黄浦水改向东北流,注入长江口,这条新的河流就是今闸港以下的黄浦江水道。从此,黄浦就成了主流,而吴淞江在今外白渡桥东注入黄浦,成了黄浦的支流,这一水利工程史称"江浦合流"。新开挖的黄浦江水面很宽,它流经之处就把许多河道一切为东、西两段,原来的"洋泾"被切断后才被人们改称为"西洋泾"和"东洋泾"的。至迟到了清同治年间,那条东洋泾因黄浦筑塘而被堵塞,水没了源头自然会淤塞,大概在20世纪三四十年代,那段近黄浦江的东洋泾就被填平筑成——东昌路。有的人认为,"东昌"是山东的历史地名,治在今山东聊城,更多的人认为,当时的上海人还不至于用山东的一个消失的地名来作上海的路名,认为"东昌"取吉祥祈示语——即浦东昌盛,我赞同这一说法。

1927年上海特别市建立后,就把上海、宝山在浦东的部分设为杨思、塘桥、洋泾、陆行、高行、高桥六个区;抗战胜利后,又把塘桥、杨思并为杨思区,把洋泾、陆行并为洋泾区,把高行、高桥并为高桥区。1952年,由于靠近上海市区的浦东地区人口和经济增长较快,又分洋泾区建立高昌、洋泾两区,这两个区的区域均在今陆家嘴经济开发区内。1956年又合并杨思、洋泾、高桥三区建东郊区。1958年,又合并东郊、东昌两区建浦东县。不过仅三年后,就撤销浦东县,把原浦东县的土地分别划入黄浦、南市、杨浦三区,1990年,又将川沙县全境和黄浦、南市、杨浦区在浦东的部分建立浦东新区。

北洋泾浜与洋泾镇

《同治上海县志》中记：

> 北洋泾浜，在咸塘浜东，向阻以坝。至道光十二年(1832年)，浚河去坝，以通潮汐，东南各乡，咸资灌溉。东流通西新塘，南自冯家桥南，穿洋泾镇，通华漕汰，出黄家滨。附：西新塘在北洋泾浜北。

《同治上海县志》中记录的一些河流和地名许多已湮没，难寻踪迹，但“北洋泾浜”即今“洋泾港”，其西侧有一条与它平行的“北洋泾路”为证，其南流至今天的杨高路与华漕汰相接。但是，该《志》并没有说明“北洋泾浜”与“东洋泾浜”之间的关系，好在《光绪上海县续志・卷四・水道上》中有记录：

> 东洋泾浜，迤逦东北，流过万隆桥入于北洋泾浜俗呼小洋泾。

显然，北洋泾浜与东洋泾浜是相通的，以其在东洋泾浜之北而被叫做北洋泾浜。在沪方言中“大”念du，与“东”的发声相近，上海地名中不少“东”字被讹作“大”，也许“东洋泾浜”也被讹作“大洋泾浜”，于是北洋泾浜才会被“俗呼小洋泾”；又也许东洋泾浜离上海市中心区较近，附近开发较早，而北洋泾浜离市中心区较远，开发稍迟，才会被人们叫做“小洋泾”。不知今日的当地人是否仍把北洋泾浜叫做“小洋泾”。

顺便补一句，1949年后，上海对河道作了较大的调整，大多数通航的河道被称为"港"，北洋泾归入通航的河道而改称"洋泾港"，并沿用至今。

根据《同治上海县志》的说法，北洋泾浜筑有坝，筑了坝就无法通航，在道光十二年(1832年)在疏浚河道时把坝拆了，它就成了一条通航的河道，至迟在同治年间在北洋泾浜岸形成了人口较多，有一定商业活动的"洋泾市"，隶东泾镇。19世纪80年代后，在浦东的北洋泾浜沿岸出现了如日商三井煤栈、英商太古码头、蓝烟囱码头、美孚码头、中国的轮船招商局码头，这里已是上海重要的码头作业区，使洋泾市发展成为浦东的重要镇市。到清末，这里的常住人口已破万人。光绪三十四年(1908年)清廷颁行《全国城镇乡地方自治章程》，规定地方人口超过五万者建乡自治公所，人口五万以下者建镇自治公所，人口在一万二千以上者建市自治公所。不久，就在清东沿江建立"东泾镇"，下辖高行、陆行、洋泾、塘桥四区，镇自治公所就设在洋泾的宝仁堂里，不知这个"宝仁堂"是否尚有遗址存在。民国元年(1912年)7月，因洋泾的人口已经超过一万二千人，又将洋泾区改为"洋泾市"。1927年上海特别市建立后又改为"洋泾区"，1950年称"洋泾镇"。浦东新区建立后，又撤销镇的建置，改为洋泾街道。

关于北洋泾浜的另一种说法

"洋泾"在旧志中也被写作"杨泾"，"洋泾镇"也被写作"杨泾镇"。于是，也有人对洋泾浜，尤其是对北洋泾浜的河道历史提出了独特的想法。前面已经提到，今日的黄浦江下游是明永乐年间的"江浦合流"

工程开挖的一条新河道,由于新的黄浦江水面很宽,所到之处就把其他的河流一截为二,使原来的河流分为黄浦江东、西两岸的支流。一般,在浦西的河流使用旧名,浦东的那段另取新名。在现在的地图上还能看到,许多浦西的大河流,在它的延长线的浦东一侧就会有一条对应的河流,旧洋泾被黄浦截断后,在浦西的洋泾就是洋泾浜或西洋泾浜,在浦东的就是东洋泾浜,同样,北洋泾在浦西对岸也有一条较大的河流,那就是杨树浦(河),而杨树浦在旧志中写作"杨木浦"、"杨浦",而北洋泾旧志中也写作"杨泾",于是有人认为原来的北洋泾与浦西的杨树浦曾经是同一条河流,因"江浦合流"才分作二条。此说只是推测,得不到文献的证实,权当作一说吧。

浦东沈庄和拨赐庄

沈万三,字仲荣,元末明初长洲县周庄人。其祖上世代务农,但到沈万三时,这支江南沈氏家庭已"资巨百万,田产遍于天下",被称为"江南第一富家"。但盛久必衰,仅十数年后,又遇鼎革,沈万三被发配边疆,其子孙虽仍为富户,但已成百足之虫,死而不僵之势。沈万三是元明之间江南最富传奇色彩的人物,旧书记录亦各说不一,沈氏在江南置有多少地产,已难以详述,而各地误传者更是层出不穷。据旧志记载,今上海市浦东的原南汇县沈庄也是沈万三的产业,沈庄也以这支沈氏家族而得名。因旧志记录不详,作此文以祈教于大家。

清光绪五年重刻的《南汇县志》卷一中说:

> 沈庄镇。邑西北四十二里,当北五灶港之冲,列咸塘西岸。相传为元末富人沈万三田庄。后惟朱氏称盛,今其镇西首呼为"朱氏梅园"。

清雍正年间分上海县东部置南汇县时，即刊印了一部《南汇县志》，其卷二中说：

> 沈庄。在县西北约五十里，下砂北十二里，东自北五灶港入咸塘南，过镇五六里，转西，与杜行出浦（即黄浦）。为上海往来之官道。相传沈万三庄舍。沈，元末人，名富，字仲荣，行三，富甲江南，人以'沈万三秀'称之。后朱氏亦发此。俗呼沈庄。

旧志中释上海浦东的沈庄为沈万三产业是不成问题的。但是人们也提出这样一个疑问，南汇县在元代只是一个滨海的穷地方，这里多半是于种植不利的盐碱土，江南有大批的良田可由沈氏选购，他何必跑到这块不毛之地来购置地产呢？

在宋末元初，原嘉定八都新华村（今上海浦东新区高桥一带）出了个张瑄，他与崇明的朱清均是海盗出身。元灭宋后，张瑄和朱清均归顺了元朝，并被封为金符千户官，负责海上漕运，深受元世祖的器重。张瑄和朱清均是海盗起家，生活上很不检点，在海上航行中又多行不义，也引起了权贵的不满。当元世祖驾崩后，他俩的地位开始下降，元大德六年（1302年），僧人石祖进将他俩的不法之事整理成十大罪状，上书皇帝。次年，他俩被处斩首，家族流放，产业全部充公。据雍正《南汇县志》卷二中记录与沈庄相邻的"拨赐庄"的地名来历，说："拨赐庄。在杜行南三里……或云：元末籍没朱清、张瑄起运钱粮百余万两，以此庄赐丞相脱脱。"拨赐庄是元末抄没朱清、张瑄的产业拨赐给脱脱而得名的。元朝建于1271年(南宋灭亡是1279年),亡于1368年,共九十七年的历史,朱清、张瑄被处斩则在大德七年,即1303年,上距元朝建立三十二年,距宋灭亡仅二十四年,所以雍正《南汇县志》讲的这段话可靠性不足,就连作者也在这段话前加了"或云"二字。而光绪《南汇县志》关于"拨赐庄"的记叙就有所不同。说:"拨赐庄。邑西北六十里。元世拨赐百花公主之庄也(按:百花公主即顺帝之妹,下嫁于丞相脱脱之子)。"从这些资料分析,拨赐庄在元代曾是蒙古族人的庄院大概是不成问题的。

胡道静先生曾写过一篇题为《黄道婆回乡与阿拉伯松江长官》的文章(载1989年10月10日《解放日报》),文中说:"元王朝覆灭之时,中土的异族或外国人纷纷改为一字之姓……或以赛为姓,或以丁为姓。后来再次改姓唐或金。"可以考证出,今天上海地区的金姓绝大部分是蒙古人的后裔。据乾隆时刊印的《西林杂记》(西林在今上海浦东三林乡,三林是由东林、中林、西林三个村庄而得名。该地与拨赐庄相邻)中讲,西林有二支同出一脉的金氏家庭,一支的村庄中有一棵罗汉松,故称"罗汉松金",另一支的村庄中有一棵白果树,故称"白果树金"。清人秦荣光的《上海县竹枝词》中还讲:"白眼树坟罗汉松,一金两派本同宗。"据此推断,浦东这支金姓是与拨赐庄的蒙古人是有密切关系的。

问题还得回到沈庄与沈万三的关系上来。据《南汇县志》卷十八中记录:

  沈维四,字公常,吴兴世族,为万二、万三从兄弟,多才识。初为丞相脱脱行军参谋,以脱脱遭馋死,归张士诚,据三吴。维四率族人散避海滨。时有脱脱旧属居邑百花公主之拨赐庄,因往依焉。后万二、万三辈均遭籍没,独维四晏然。裔孙喆,字迪修,增贡生,有文行。

原来沈万三有个堂弟叫沈维四,曾在元丞相脱脱手下做行军参谋,脱脱死后,他又协助张士诚据守吴地,在张士诚兵败时,沈维四又带领周庄的部分沈氏族人逃到上海浦东的原脱脱产业的拨赐庄,总算躲过了明初对江南沈氏的迫害,并使这支周庄的沈氏后裔在上海浦东繁衍发达。

从芦潮港到南汇新城镇

长江、钱塘江分别在上海的北面和南面注入大海,两江的入海口靠得很近,如果你认真地看地图,一定会发现,长江在入海口的那段江面是呈西北—东南走向的,所以,江水入海仍保持向东南方向流动;而钱塘江在近海口形成一个敞开的喇叭形的三角洲,那就是杭州湾,泻入大海的江水继续向东流,长江与钱塘江在上海东南角相汇,形成一个尖角,在上海用语习惯上,当河流发生急弯时,江岸外凸的一方形似动物的嘴或角,而长江与钱塘江相汇处像涉禽的嘴,当地人就称其为"老鹳嘴",由于,长江注入大海后,江水仍保持东南流向,在这里与杭州湾相汇,于是这里也被叫做"南汇角"或"南汇嘴"。清雍正二年(1724年),析上海东南之地置南汇县,当然,"南汇"之名就得名于南汇嘴。

以前,县政府所在地一般就以县名为名,如松江的县治就叫松江,青浦的县治就叫青浦,县和县治使用同一个名称,确实有点不便,于是,习惯上又把县治称为"城厢镇"。这样,仅上海地区就有许多的"城厢镇"，如在当地，不会发生误会，但如在异地，人们必须加上县名，称"松江城厢镇"，"青浦城厢镇"等。南汇县的县治旧时也称为"南汇"或"南汇城厢镇"，后来，南汇人认为南汇县的建立有利于南汇的经济发展，于是又把自己的城厢镇称为"惠南镇"或"惠南"，并一直沿用至今。

古代，规定县以上的行政区必须建一座孔子庙，它既是祭祀孔子的场所，也是地方的学府，相当于如今的教育局，所以孔子庙也被叫做学宫、文庙等名称。南汇县建立后三年，南汇就建了孔子庙，孔子庙下设惠南书院。长江在长江口注入大海后，流速明显缓慢，水流仍保持向东南流向，在流到南汇嘴处与杭州湾相汇，水流平缓了，江水夹带的泥沙容易在这里沉淀，使海岸线不断向东延伸，有专门的机构做过测量和计算，南汇的海岸线大概以每四十年向东延伸一公里，而南汇嘴一带海岸线向东延伸的速度更快。今南汇嘴北面有"书院镇"，清代，南汇县在这里围垦滩地，就调拨给孔庙惠南书院作为"学田"，书院又将土地出租给农民，所收的租金用于书院的开支，于是这一带就被叫做"书院"。1927年，这里设"书院乡"，1995年设书院镇。书院镇的南面有"泥城镇"，据记载，在清道光、咸丰(1821—1861年)年间，这里的滩地继续向外延伸，清朝制度，耕地分作上、中、下三等，根据等级征税，政府提倡、鼓励百姓围垦荒地，开垦的土地在三年内不征税，之后再根据土地的实际情况评估，是否继续免征或以下等土地征收。于是有数量相当的当地以及启东、海门、崇明的平民来到这里开垦土地。他们先在滩地上筑"坝"，其形状似"城"，于是被叫做"泥城"，1929年建"泥城乡"，1994年建泥城镇。

南汇嘴的滩地不断地生长,有所谓靠山吃山,靠水吃水,滩地上长满了芦苇,栖息着无数的小蟹、贝类,这也成了沿海居民收入的来源。20世纪30年代,这里集居了不少渔民,而滩地和丛生的芦苇挡住了船出海的路,于是,渔民们在芦苇丛中开挖出一条小河,渔船就沿小河进出,当地人把这条小河叫做"路漕",意即通往大海的水漕。有记

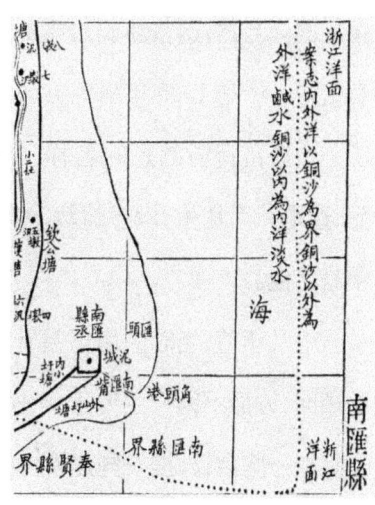

1895年南汇县地图,南汇嘴、角头港即今日的芦潮港

载,1949年时这里约有出海作业的小木船六十余艘,年捕捞产量约三百吨。解放后,小木船变成了大一点的木船或机帆船,沿滩也建造了简陋的渔码头,船不必也无法走路漕港,而潮汐或海潮会从路漕港涌入堤内。1960年,南汇县就在路漕港建造水闸,当年建的闸的质量很差,仅两年就被海水冲毁了,1962年又在原址重建,并请上海市副市长宋日昌为水闸题书。不知是宋日昌听错了,还是认为"路漕"之名不妥,他题书的闸名为"芦漕港水闸"。

在农业合作化时代,当地的渔民也各自成立合作社,使捕捞量不断上升,部分水产供应县城惠南,部分在当地自销。渔市的兴起也促进当地兴旺,惠南镇人把这里当作旅游地、度假村,到这里赶海,品尝海鲜,也使芦漕港的知名度不断上升。

南汇嘴的滩地不断向外延伸,该地区分别与书院镇、泥城镇、万祥

镇接壤。当然，这些新长出来的土地不归属于相邻的三个镇，而是国有土地。于是1985年南汇县政府就在这里建立开发区，并以谐音取了一个更富诗情画意的名称——芦潮港，人们从地名上似乎就能感到，这里芦苇丛生，潮声涛涛。实际上，我最初知道的是"芦潮港"，而不是其他。

十几年前，当时的南汇县计划筹建南汇博物馆，聘我为顾问，"顾问顾问，顾而不问"，主要工作仍由当地的文化局的同志负责，顾问只是参加一些会议，提一些建设性的意见而已。当地的同志很客气，有几次会议就安排在与芦潮港隔海相望的小岛——小洋山，借宿于当地渔民家中，于是才有机会到芦潮港，在这里乘渡船，约五十分钟的行程可以抵达小岛。芦潮港的渡口建在远离岸线的滩涂中，有一条水泥路通到渡口，而小路的两侧就是芦苇丛生的滩涂，从洋山返回芦潮港时适遇退潮，只见无数的人赤脚在滩涂上游玩，当然，这些全是城里到海滩体验"赶海"的。在岸边分散着几家渔民或农民开的小饭店，主菜多为刚上岸的海鲜，引人馋，令人羡，于是，我们一行就在露天的桌子落位，点上一壶老酒，几碟小菜，算是体验一把"渔家乐"，眼望随风摆动的芦苇，聆听海浪拍岸的潮声——这"芦潮港"的地名写实而富诗情画意。

我当年去小洋山的时候，房东就告诉我们洋山属浙江省嵊泗县，听说上海市已决定租借小洋山建设大型集装箱码头作业区，当地居民将全部动迁。他们有二种选择，一种由浙江省相关部门负责将他们安置到嵊泗的其他岛上，另一种就是由上海市政府安排在上海的芦潮港落户。房东告诉我，他家已作出决定，到上海芦潮港落户。实际上，没过多久上海就开始了洋山深水港建设,设计深水港年吞吐量达到四百三十万标准箱,以后逐渐增加至一千万标准箱以上。为了把集装箱及时运离港口,在芦潮港与洋山深水港之间建设长达三十二点五公里的东海大桥,并于 2005 年通车。为了配合洋山深水港,计划将芦潮港地区建设为与洋山深水港配套的装备产业基地。长期居住在大城市的人希望有诗情画意的田园风光,认为"芦潮港"就是一个不错的地名,而长期居住在农村的老农则向往城市的繁华景象,对这个"芦潮港"地名感到太土。于是,指挥部并没有使用已有的"芦潮港",而取名"临港装备产业基地"。根据规划,这里将被划分为仓储、物流、生活等五个区,计划形成一个五十万人口的城市区。"临港装备工业区"只是一个工业区名,不能作为行政区名使用,于是又决定将该地区设置行政区,申报名称为"临港新城"。我是上海市地名学会会员,参加过许多次关于该地区的命名论证会,上海地名办公室和地名学会一致的意见认为"芦潮港"已经是一个历史地名,应该保护和利用;"芦潮港"地名也符合当地的地理、环境特征,坚持使用"芦潮港"地名。但"指挥部"坚持认为"临港新城"更具时代气息和特征,而就在此不久,决定撤销南汇区,其行政区域划入浦东新区,"南汇"的地名将从原行政区地名中消失,原南汇百姓希望和要求保留和保护"南汇"地名呼声极高,经过许多次的讨论、论证,最后决定将原"临港新城"正式命名为"南汇新城镇"。今天,在原芦潮港码头已形成一个市镇——芦潮港镇,这里有驶向普陀山、嵊泗的码头。我很想念当年我们借宿小洋山的那位渔家,是否已迁居芦潮港,他们的日子过得怎么样。

法华禅寺与法华镇

沪西有条法华镇路,东起淮海西路,西至延安西路,长约一千八百米,顾名思义,法华镇路应该是以这里原有的法华镇得名的。法华镇是一个古镇,于是,当地的许多原住民中流传这样一谚语——"先有法华镇,再有上海县",此谚语可信吗?这正是本文要讲的。

法华镇得名于法华寺。清《同治上海县志·卷三十一·寺观》:

> 法华禅寺,见《通志》在五图法华镇。宋开宝三年(970年)建,王昭素请额。元至大中,僧庆重建。明洪武、宣德间两新之。国朝顺治初修。乾隆三十六年(1771年)重修。

如这个记录不错,那么,法华寺的历史可以追溯到宋太祖开宝三年,即公元970年,距今一千多年,确实是一座千年古刹,当然,其历史比上海建县也早了三百余年。中国的寺庙大多为木结构,使用年限有限,再加上天灾人祸,木结构的建筑主要的威胁就是"天火烧",法华寺也

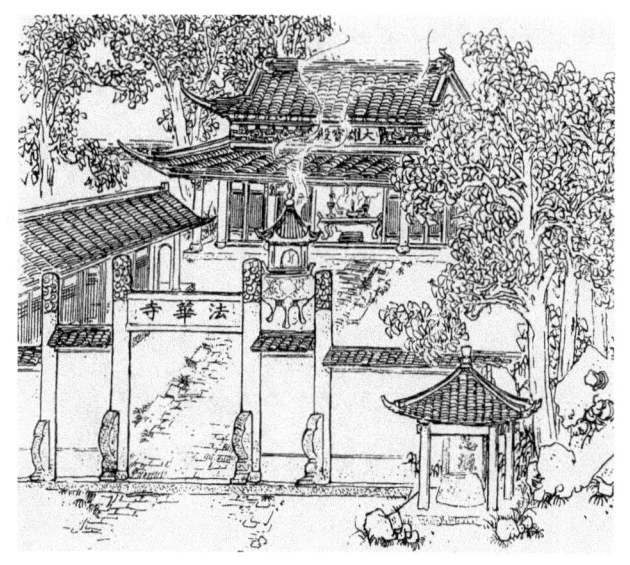

法华寺没有留下清晰的照片，图为《长宁地名志》绘"法华寺图"

经历了多次的损毁，又多次重建，据《同治上海县志》的记录，"寺基田五十亩九分六厘四毫"，应该讲，它的占地面积不小。

寺庙的历史往往充斥许多神异或鬼怪故事，它可能实有其事，而更可能是和尚们编出来的故事。从商业角度上讲，那就是一种"营销"策略，可以诱惑、吸引更多的人相信宗教，布施更多的钱财，信徒得到心理上的安慰，而和尚们则发了大财。如《同治上海县志》中讲，法华寺内有"满月楼"，全部使用楠木构建，清顺治四年四月初一，僧人们在这里设"万佛忏坛"，到二十五日半夜，有佛光从"满月楼"大放光明，照亮了半爿天，附近的居民都见到了佛光，于是连忙磕头下跪，接下来就是纷纷捐钱。清代上海名绅也写过《法华禅寺记》，讲：明洪武六年，住持善达誓愿重建法华寺大殿，化了三年缘，所得远不足如愿。当时有一贫民愿捐百金,但没几天他就死了,僧善达就将死者的手掌扳开,分别在他的左右手上写"见我开手"、"见我开口",奇迹出现了,那个死去的人竟真的活过来了。这个故事传开后,人们真的相信和尚的神力和佛法的威力,于是又纷纷捐钱捐物,帮助僧善达重修大殿。又说:

> 三年,募至海滨,有千户费雄(他是著名书法家赵孟𫖯的女婿)生一儿,三岁哑而不语,两手拳不能伸,见善达,遂哑然笑曰:"师父来矣",开手拽衣,众皆惊异。询其故,乃慨然独成。

这些神异故事确实帮了和尚的大忙,也使法华寺的名声越来越大。

《民国法华乡志·卷七·寺观》:

> 咸丰十年,粤匪下窜,假满月阁为火药局,七月初二日,内寇失慎,遂成焦土,大雄宝殿亦渐坍废。

1860年,太平军东进并逼近上海,太平军把法华寺的满月阁作为火药仓库使用,由于火烛不慎,火药爆炸,这里一片焦土。以后,由于缺乏管理,大雄宝殿也倒坍了,法华寺也从此衰落。

1936年5月,以柳亚子为馆长的上海通志馆的同仁一行到法华镇实地调查,并写了一篇《法华访古记》,收于《上海研究资料续集》,说:

> 沿着法华镇路的山门,已经关闭起来了,普通都走右边的一

条小径进去的，我们到了所谓的法华寺的山门，看到门口挂着三块牌子：一块是"徐家汇警察所法华镇派出所"，一块是"上海市市立西镇短期小学校"，一块是"徐家汇警察所海格路派出所"，这样不问而知，如今的法华寺已暂作"公安"和"教育"的办公地点了。进了门，当中摆着半只生锈的香炉，左右两旁的房屋，已经充作警士和他们的家眷的住所，大殿上堆满了桌子的椅子，显然是短期小学的课堂，正中的佛座还在着，油灯倒也点着，只是左边案头一个木鱼，却积满了灰尘。

正始中学是上海闻人杜月笙等创办的全日制中学，创办于1930年，杜月笙任董事长、校长，董事有钱新之、潘公展、徐寄庼、吴开先、陶百川、陈光甫等金融界、政界名流，租法租界善钟路（常熟路）147号、108号民宅为校舍；1935年，购法华镇原乐华中学之地，1937年又租相邻的法华寺建立新校舍。不过，当年八一三淞沪战争爆发，上海沦陷，杜月笙不愿与日伪合作，正始中学停办，这里被日伪保安司令部占用，一直到1945年抗战胜利后，仍由正始中学收还作为校舍。

法华寺正山门前的路就是法华镇路，而法华镇路就沿着法华浜（正名叫李汰泾）的北岸而筑，法华寺的山门前有一香花桥，今天这里还有一条叫香花桥路的小路，可知，与香花桥路相对的今法华镇路543号处就是原法华寺的山门，原法华寺址今分别由上海交通大学法华校区、新华路派出所、新华路街道等单位使用。

汉语中的"镇"有多种概念，一种就是有一定集聚的人口和商业活

南洋公学(今交通大学)门前的桥即跨法华浜桥

动的"市镇"或"镇市",另一种为建置镇,就是县以下设的一种行政建置,并设有镇政府和镇长。历史上的法华浜是沟通吴淞江和肇嘉浜的南北向河流,也是这里一条通往松江的重要航道,而法华寺的历史又可以追溯到北宋初,这里在很早就形成镇市的可能性是很大的。不过,法华镇成为建置镇可能要到清初,《同治上海县志·卷一·镇市》中是这样讲的:

> 县之西,旧载镇市凡六,今增者一:法华镇县西十二里,以法华寺名,吴松巡检司驻此。徐家汇市法华南三里,徐文定公墓在焉。其裔多居此,近年始成市。虹桥市县西南二十里。北新泾市县西二十一里。杠栅桥市县西北二十二里。华漕市县西三十里。诸翟镇县西四十里,其西属青浦、嘉定。以二姓得名。一名紫堤。有嘉定诸翟巡检司驻此。

据《志》载,吴淞巡检司是于清雍正十一年(1733年)从吴淞江边的一个叫"咸水渡"(不详在何处,据推断,应该在今普陀区境内)的地方迁到法华寺一带的,就是有了这个政府机关,才正式设立法华镇,而上海建县在元朝,法华还只是上海县的穷乡僻壤之地,所以,民谚所谓的"先有法华镇,再有上海县"的说法不可靠。

1907年,清廷颁布《全国城镇乡自治条例》规定,人口低于五万的地方设乡,而原法华乡区境的东部和北部的部分被划进公共租界,人口已低于五万,1911年,就将原法华镇改为法华乡,法华镇的地名仍在使用,但它已不是建置镇,而只是一般的市镇。法华镇的街市沿法华浜的北岸,全长约一点五公里,以法华寺为中心,以东称东镇,以西称西镇。法华浜的正规名称叫"李㳅泾",又雅称"㳅溪",古代的法华镇人把自己家乡的景点归纳为"法华八景",又称"㳅溪八咏",分别是"重元晓钟",(静安寺初名重元寺)、"斜阳塔颖"(龙华寺塔别称"文笔峰")、"吴淞帆影"(吴淞即吴淞江,其部分在法华镇境内)、"无梁夜雪"(无梁指法华镇观音寺的无梁殿)、"殿春花墅"(指法华镇种植的牡丹花)、"丛桂早秋"(指法华镇的桂花树)、"满月春晴"(指法华寺的楠木满月阁)、"古岗风荻"(古岗指法华镇的"万工山")。当然,法华镇的古迹风物早已消失殆尽,找不到任何遗迹。

上海东濒大海,多条河流直通大海,受海洋潮汐的影响,大多数河流有明显的潮涨潮落现象,这种河称为"潮汐河"。一般讲,涨潮的速度较快,而落潮的流速稍缓。当涨潮时,吴淞江和肇嘉浜的潮水从北、南两端涌入李㳅泾,基本上在法华镇相汇,落潮时,潮水缓慢地向两侧退去,被潮水夹带进来的泥沙大多在法华镇一带沉淀下来,于是,法华

镇每隔几年就得开挖李泑泾,清理淤泥,开销庞大,百姓叫苦不迭,《法华乡志》说:

> 法华自有镇以来,前清乾、嘉时为鼎盛,咸丰庚申后,叠遭兵燹,典商停歇,市面萧条,兼之东南徐家汇入北,曹家渡相继成市,而法华益衰矣。

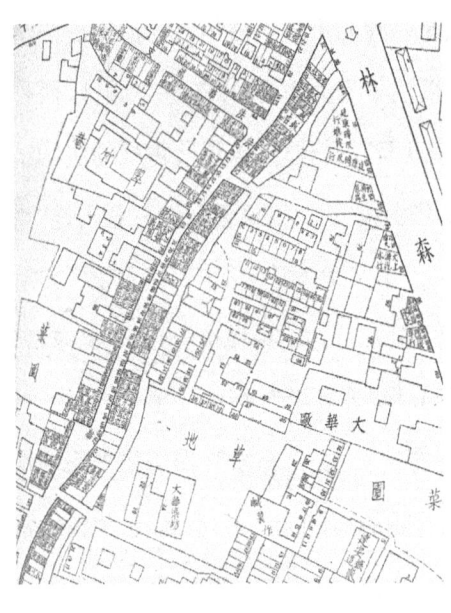

1948年地图中的法华镇路

这一分析击中要害。自从太平军东进,法华镇遭严重破坏,此后,这里又没能得到及时的恢复,到了清末,南面的徐家汇成市,而北面及东面的区域被划进租界,市面更加繁荣,人们再也没有心思花大钱、出大力去疏浚李泑泾,法华浜就成了臭水浜,法华镇已沦落到破败的地步。1958年,上海市人民政府填平法华浜,原来的河浜与沿河的法华浜路归并为新的法华镇路。原法华镇的镇市区域今属长宁区新华路街道,是上海市中心区的中高档住宅区。

徐光启与土山湾

沪南有一条斜土路,筑于1914年,长约5.5公里,东起斜桥南面,西至土山湾,以两地的首字命名为——斜土路。最初的斜土路基本上呈东西走向,但是在今宛平南路以西略向南而呈东北—西南走向,1954年筑零陵路的向西延长线时,将西段的斜土路并入零陵路,所以,今天的斜土路已不通到土山湾,而零陵路的西端才是原来的"土山湾"。土山湾在近代以后在天主教徐家汇教区内,它的历史和文化大多与天主教有关。20世纪80年代以后,上海人不仅坦率承认土山湾是上海乃至中国近代美术的发祥地,还在那里建了"土山湾博物馆",介绍天主教对上海近代美术的作用、影响、地位,使"土山湾"成了上海著名的地名之一。

《民国法华乡志·卷七·

昔日的土山湾

古迹》：

  土山，在徐家汇南里许，今俗呼"土山湾"。相传，徐文定公筑圹时，因出向关系，布置增高，历届开河，堆积愈高，树木葱茏，宛似坵垤。光绪间，天主堂削平建屋，收拾累石，叠置一堆，以志遗迹。

徐光启墓前的牌坊

徐文定公即明末官至武英殿大学士、礼部尚书的上海人徐光启，他的墓地（今徐家汇光启公园内）就在徐家汇，今这里还有一条"文定路"，就是以徐光启的谥号命名的。明朝实行内阁制，不设宰相，而徐光启的地位就相当于宰相，他逝世后，"天主雅重公(徐光启)，赠邮有加，遣大行护丧归里、赐域祭如典礼"。在建墓时，人们才注意到，徐光启墓的正南方过于平坦，一览无余，根据风水先生的建议，就在墓的正前方筑了一道"堽"。上海是冲积沉陆之地，一马平川，连土墩也难得一见，于是这个"堽"就被当地人叫做"土山"。后来，当地在开河筑塘时，把河里挖出来的淤泥堆到这个"堽"上，使"土山"越来越高，并生长出茂密的树木，又被当地人叫做"土山湾"，这大概是清乾隆以后的事了。《法华乡志·卷七·教堂》中说：

土山湾慈母堂,在大堂南半里许,前在浚肇嘉浜时,在转湾(弯)处积土成阜,因名。光绪初,由堂削为平地,建工厂于其上,土山故迹不复可寻矣。

在光绪初年,天主教在土山湾建造了慈母堂,后来又要在这里建一"工厂",就把"土山"削平了。土山不见了,但"土山湾"的地名仍在。徐光启是把天主教引领到上海的第一人,受到教会和教徒的景仰,所以在平土山时,教会还特地把平土山时清理出来的石块堆成一小山以志纪念,不过,这个石叠的小山也不知何时消失了。

清末土山湾孤儿院乐队合影,中坐为叶肇昌,后排右一为葛承亮,右五为笪光华

那个由教会创办的"工厂"实际上是由"土山湾孤儿院"(Tou-se-wei Orphanage)的"工厂",正式或对外的名称为"土山湾工艺局"。

1842年,法国天主教创立了一个以救济儿童为主的圣婴会,在1843年上海开埠后不久,该会就在上海设分支机构。古代中国,重男轻女的思想极为严重,弃婴、溺婴的现象十分普遍。约1849年,上海的圣婴会得到总会一笔为数不小的特别救济款,就在松江横塘(在佘山附近)建立横塘孤儿院,仅四个月,孤儿院就收留了六十余名弃婴。由于婴儿在出生后就被抛弃,健康状况极差,至少有一半以上的婴儿在送到孤儿院时就奄奄一息,孤儿院又没有足够的医疗条件,不少婴儿相继死亡,于是主持横塘孤儿院的夏显德神父(Giaquinto Francois)只得将自己收留的女婴送到浦东唐墓桥天主堂办的孤儿院,留下的四十余名男孤转移到蔡家湾(在松江城厢镇附近)。为了使收留的男孩以后走上社会后有独立谋生的能力,夏显德神父的孤儿院除了教孤儿识字外,还开设缝纫、制鞋、木工等职业培训,孤儿们生产的一些产品也能换一些钱,作为孤儿院的开支。

1853年,太平军顺长江而下,攻占了清廷陪都南京,改南京为"天京",建立太平天国王朝,使江南的局势发生很大的变化,部分南京百姓为避难而进入上海;1860年,太平天国为减轻和摆脱清军对南京围困的压力,派忠王李秀成率兵突围东进,骁勇善战的太平军东进军突围后一路凯歌,攻占镇江、常州、无锡、苏州、昆山、杭州、宁波等城邑,控制了苏南浙北的局面,有更多的苏南浙北难民进入上海。不少逃难的难民家破人亡,妻离子散,有很多的儿童成了孤儿,流离失所。上海地方政府必须立即解决收容儿童、孤寡老人的问题,以维持社会治安,便动员和适当资助地方绅士、社会团体设立救济机构。于是,徐家汇的教会就成立了孤儿院,以其设在土山湾而被叫做"土山湾孤儿院"。后来,设在松江蔡家湾的孤儿院也奉命迁到土山湾,使土山湾孤儿院的规模不断扩大。《法华乡志》中是这样讲的:

> 咸丰初,原设育婴堂于王家堂。咸丰四年,拓址迁此,逐渐增建工艺各厂,专收教外贫儿,自七八岁至十一二岁不等,衣之、食之、教以工艺美术,大率六年为限,毕业后,或留堂工作,或外出谋生,悉听自便;年已长成,积有工资者为之择配。完婚后,男仍在堂工作,女在圣母院做活,家室完聚,饱食暖衣,救世苦心,于此观止矣。

土山湾孤儿院最初只是一个收容孤儿的机构,为了使孤儿长大成年,重新踏上社会有一门自己谋生的技艺,土山湾孤儿院就开办了一些工厂,教孤儿技艺。当然,孤儿院生产的艺术品、工艺品也通过教会在教士、愿意资助教会的侨民中拍卖,获得的资金用于维持孤儿院的开支,扩大慈善事业。而到19世纪60年代后,西方教会在上海、全国的势力不断发展,全国各地大兴土木,兴建教堂,于是土山湾孤儿院又针对市场创立专门为建设教堂的艺术品加工厂,其创办的工厂或作坊大致如下:

> 木工厂制造中西木器,雕刻人物、鸟兽、金银彩画、油漆器具。
>
> 五金厂修造五金杂货,其镀金镀镍,最为优秀。

中西鞋作制造皮革、华履、皮球、皮袋等货。

风琴作制造大小风琴,为各教堂、各学校之品,工料坚久,声音洪亮。

图画馆分水笔、铅笔、油彩等,画其所绘花草人物、摹真写影等件,前经南洋劝业会颁给奖牌奖凭十九件之多,近日,新添彩绘玻璃制造所,将人物鸟兽油画于玻璃上,后置炉中煨炙,以使彩色深入玻璃,虽经日炙雨淋,永久弗退。中国彩绘玻璃,此为第一发明家。

印刷所分石印、铅印、五彩印等,印出中西书籍,发售甚多。

照相馆制造铜、锌、玻璃等版,凡人物摄影及五彩各像,皆可制版,精印比众优良。

机器厂修造一切机器,天文台有几种机器,为该厂制造。

从以上记录中可以知道,土山湾孤儿院设立的工厂作坊是针对当时西方教会及其他建筑的市场的,所谓"工厂"多为美术品、工艺品工场,所以,它不仅是中国最早的职业学校,还应该是最早的"工艺美术"专科学校,还被认为是中国近代西洋美术的发祥地,对中国近代美术发生巨大的影响。

以前,在上海外滩公园的南大门口的空场上有一座"依尔底斯纪念碑"。在1894—1895年中日爆发的甲午战争中,德国为了保卫他们在中国山东半岛的利益,派遣舰队进入渤海湾。当战争结束后,舰队准备回国。1896年7月23日,其中一艘名为"依尔底斯"号(Iltis)的炮舰行驶到黄海海域遭风暴沉没,舰上无一人生还。之后,德国人打捞沉船,但炮舰损坏严重,已无法修理。寓沪德侨希望并愿意出资在上海建一"依尔底斯纪念碑",并决定以沉船的主桅杆及轮舵为纪念碑的主体,并于1898年11月21日落成揭幕,普鲁士亨利王子专程来上海参加揭幕典礼。铁质的船桅长期暴露在日晒雨淋中会锈蚀,影响观瞻,据清末上海环球社出版的《图画日报》中讲:"将此断桅,托上海徐家汇教堂,用电镀之法,镀以铜质,置之于此。制法绝佳,历久毫不损坏。每年逢该船遭覆之日,有多数洋人,置花圈于桅旁。"这也许是目前所知的中国第一件巨大的电镀作品,而所谓的"徐家汇教堂"就是"土山湾孤儿院"的"五金厂"。

"彩绘玻璃"(stained glass)就是用各种颜色的玻璃以铅条作为连结物拼凑成的大的玻璃,多用于窗户装饰,故又称之"彩绘玻璃窗画",约始于十二三世纪,多用于教堂窗户。到十七八世纪时,由于传统的彩绘玻璃工艺复杂,成本较高,而新的科技又可以用坚硬的彩釉在玻璃表面着色,传统的彩绘玻璃工艺和制作一度停滞,一直到19世纪末,才被许多教堂重新认识、接受而恢复,上海土山湾工艺局又成为世界上较早重新制作彩绘玻璃的单位。今天,上海的不少历史建筑中还保留当年的彩绘玻璃画窗,但均无记录能表明是哪国何厂生产的,今上海雁荡路南昌路的上海科学会堂主建筑始建于1907年(其两翼的建筑是后来加建的),从今南昌路47号主入口进去,在主楼中轴线的二层朝南的彩绘玻璃窗中还能找到一块上有"T'ou-se-wei Orphanage 1907"的彩绘玻璃,而"T'ou-se-wei Orphanage"就是"土山湾孤儿院"或"土山湾工艺局"的法文名。可以证明,上海科技会堂的彩绘玻璃就是土山湾工艺局1907年的产品。如你足够仔细,该楼宽敞的楼梯的护栏系铸铁件，能清楚识别护栏是由C. S. F.三个西文字母重组拼成的图案，C. S. F.是法文Cercle Sportig Francais的缩写，这批铸铁件也是土山湾工艺局制造的。

20世纪初土山湾一带的风光

当年，土山湾是当地知名度颇高的地名，并以土山湾为中心形成规模不小的镇市和居民点。1949年后，徐家汇的天主教区被停止活动，除了徐家汇天主堂仍进行宗教活动外，其他的宗教建筑改为他用，原土山湾孤儿院的建筑分别改作工厂、学校。到20世纪60年代，"土山湾"地名基本湮没。中国实行改革开放后，人们对科学与迷信、宗教与信仰、历史与文化有了重新认识，"土山湾"在一些艺术家，尤其是画家的心目中被认为是中国近代西洋艺术的发祥地，土山湾的传统工艺还被定为各种不同级别的"非遗"保护项目，徐汇区政府还出巨资收购流失在海外的土山湾工艺品，在这里建立"土山湾博物馆"，于是"土山湾"再次成为上海的知名地名。

江边三镇北、诸、纪

清代或清代以前,"镇"既用于城镇、市镇称谓,也用于指县以下的行政区划名,而"市"通常指"草市",即有一定人口集中居住,并有一定商业活动的小市镇,与今日的"市"(city)是不同的概念。清《同治上海县志·卷一·镇市》中记:

> 县之西,旧载镇市凡六,今增者一:法华镇县西十二里,以法华寺名,吴淞巡检司驻此、徐家汇市法华南三里,徐文定公墓在焉,其裔多居此,近年始成市、虹桥市县西南二十里、北新泾市县西二十一里、杠栅桥市县西北二十二里、华漕市县西三十里、诸翟镇县西四十里,其西属青浦、嘉定。以二姓得名,一名紫堤。有嘉定诸翟巡检司驻此。

法华镇本书有专文介绍,此略。徐家汇市就在今日的徐家汇,徐光启的墓就在这里,以后,徐氏后人集中居住在这里,于是被叫做"徐家汇"。近代以后,天主教在这里建立教区,并使这里形成人口稠密区和市场。若干年前这里还有一条叫"徐镇路"的小路,这里就是清代徐家汇市的中心,在建设地铁徐家汇站时,那条徐镇路注销了。

"虹桥市"即今闵行区虹桥镇,蒲汇塘流经这里,跨蒲汇塘有环龙桥,称为"虹桥",虹桥市即以该桥得名。虹桥路由公共租界工部局筑于1901年,也是以通虹桥而得名的。江栅桥市早已湮没,具体位置不详。华漕市即今闵行区华漕镇,以一条叫华漕港的吴淞江支流流经市镇而得名。

北新泾以西的苏州河

北新泾在今上海市中心区的西北,吴淞江的南岸,北翟路的东端,吴淞江的南岸支流——新泾港从这里发源,顾名思义,"北新泾"就是以新泾港北面端点而得名的。《同治上海县志》记录的"北新泾市"只是一个稍具规模的市镇而已。今新泾港的原名就叫"新泾","泾"本来就指细长的河流,只是20世纪五六十年代,上海的水务部门对上海境内的河流以通航能力作重新评估,于是,许多可以通行十吨以上的河流被添加了一个"港"字,"新泾"就改名"新泾港"了。

历史上的吴淞江是太湖流域最大和最重要的河流,它承担太湖流域的泄洪和蓄水重任,当雨季时,如不能及时把太湖洪峰排入大海,这里将被水淹而成了水乡泽国,旱季时,如吴淞江蓄水不足,这里又会闹旱灾。古人十分重视水利,而太湖流域的水利又多以吴淞江为中心开展的,古人以吴淞江为轴线,沿吴淞江两岸每隔五至七里拓宽、挖深,或开凿一条吴淞江的大支流,这种支流一律称之为"浦",现在江南地区称之为"浦"的河流仍很多,仅上海地区就有赵屯浦、大盈浦、桃浦、大场浦、杨树浦等许多条。吴淞江基本上是由西向东流的,是横向的,当然,"浦"就大多呈南北流向的,是纵向的,所以,古代的"浦"也称为"纵浦"。南宋《绍熙云间志》中记:"新泾浦,在县东北八十里",这里的"县"是指当时的华亭县城,也就是今天松江区城厢镇,这"县东北八十里"应该是指"新泾浦"的源头,也就是今天北新泾附近。

《读史方舆纪要》卷十九中记元大德十年(1306年)都水庸田使麻合马嘉建议疏浚吴淞江时说:"太湖水不能宣泄于吴淞江,并淀山湖水行回宛转从新泾和上海浦返注于江达海。"新泾浦应该是南宋时期新开挖的一条吴淞江南岸支流,于是才被叫做"新泾浦",开挖的目的当然用以分担吴淞江的排水和蓄水。但是,到了宋末元初,吴淞江淤塞严重,水流量不足,使淀山湖下泄的水径新泾倒灌到吴淞江,使吴淞江流域的灾情更加严重,必须疏浚吴淞江来保证流域的安全。黄浦江的发源就是淀山湖,由此可见,新泾也是连通吴淞江与黄浦的河流,当然,它也是上海的南北重要航道;北新泾吴淞江的对岸是嘉定县,沿吴淞江向西就是青浦县，于是在这里形成了"北新泾市"。

20世纪初，公共租界工部局越界筑虹桥路，沿新泾的东岸筑罗别根路（今哈密路），又筑从曹家渡通北新泾的白利南路（今长宁路），1925年又沿吴淞江南岸，筑从北新泾通往诸翟的庇亚士路（今北翟路）。这里偏离上海市区，地价相对便宜，但这里交通方便，水陆两路均通往那里，就成了建厂理想的选择。20世纪二三十年代，上海城市人口将近四百万，犯罪率上升，租界监狱人满为患。30年代初，上海租界法院——会审公堂已由中国政府收还，原公共租界会审公堂改称为江苏上海第一特区高等法院，遂决定在北新泾碑坊路（今绥宁路）购地建设监狱。该监狱总占地168亩，分几期建设，第一期建设从1935年开始，当年投入使用，该年底关押男犯438人，女犯179人，总计617人（该监狱在解放后称上海劳动钢管厂，以前，上海凡冠以"劳动"的工厂均为司法系统下辖工厂，现已解散）。当然，还有更多的小型工厂在庇亚士路沿线建立，使北新泾的市面日益繁华，知名度也日益上升。

1927年7月，上海设"特别市"，直辖中央政府行政院，即今日所谓的中央直辖市。北新泾一带的面积划入上海特别市，特别市又将辖境划分为二十个市区和十个郊区，北新泾地区为"蒲淞区"，以这里已出现的"蒲淞市"得名。当然，"蒲淞"又是以贯通蒲汇塘和吴淞江的新泾而得名，总面积八十余平方公里。1938年，撤销蒲淞区，建立沪西区。1945年，又撤销沪西区，建立新泾区，区政府设在北新泾镇大街，今天，该地区属长宁区。今北新泾镇有蒲淞南路、蒲淞北路，就是以原"蒲淞市"或"蒲淞区"得名,北新泾以东有淞虹路,也是取原"蒲淞区"和"虹桥路"中一字而命名。

从北新泾镇出发,沿北翟路西行,尽头就是诸翟,关于"诸翟"名称的来历,清康熙十七年(1678年)修,咸丰六年(1856年)重修的《紫隄村志》是这样解释的:

> 紫隄,本名白鹤村,相传肇居是村者为诸、翟二姓或曰狄,故亦有"诸翟"之称,各志多因之。又称"诸地"者,以两郡三邑而讹也故后设巡司,俗称"三界司"。后以村西多紫薇花,沿江树之,因名"紫薇村",亦名"紫薇江"其曰"诸狄"者,或以龙江两岸多芦苇而言也。近来,诸、翟二姓多散居村落,至狄姓尤微。其径曰蟠龙塘者,因村夹塘而名也。

该志初修于清康熙年间,也是目前能知道最早的诸翟村志,后来的著录或传说大多抄录该志。关于"诸翟"名称的来历说法不一,这里最初叫白鹤村,最初由诸、翟二姓迁居于此,于是被叫做"诸翟";也有人认为最早迁居此地的是诸、狄二姓,于是称之"诸狄";也有人认为这里是昆山府的嘉定和松江府的上海、青浦的"两郡三邑"分界地,于是初称"诸地",讹作"诸翟";也有人认为,这里沿江岸生长许多紫薇花,初称"紫堤",后讹作"诸翟"。一般讲,地名可以找到它的来龙去脉的,但是,在历史长河中,地名会湮没,会变化,人们找不到该地名的来龙去脉,于是根据地名顾名思义、望文生义,这也是地名文化的组成部分,多一种传说,也多了一层文化意义。

纪王镇在诸翟镇的东北近吴淞江,纪王镇旧属青浦,今属上海市闵行区,据说该地旧有纪念秦汉之争中的汉将纪信的"纪王庙",故称之"纪王"。在《从吴淞江到松江城厢镇》一文中提到,今吴淞江初名松江、吴松江,是太湖流域最大的河流,承担太湖流域排洪与蓄水的重任。有时,吴淞江淤塞严重,水流量不足,人们希望它的水流量更大一些,多一些,于是在"松"旁加"三点水",写作"淞江"、"吴淞江",有时,太湖直泻的洪峰太大,洪水来不及从吴淞江排入大海,太湖流域被淹,人们希望它的水小一点,又将"淞"的"三点水"去掉,写作"松江"。古代,吴淞江是直通大海的大河,受海洋潮汐的影响,吴淞江有明显的潮涨潮落规律。这种河称之为"潮汐河",每次潮汐的落差可达三米以上,绝对落差可达五米,尤其是农历每月的初三、十八落差更大,潮水汹涌,人们称之为"黄胖潮"、"霸王潮"等,八月十八还被上海人称之为"潮头生日",是观潮的好日子,如清秦荣光《上海县竹枝词》:

十八潮头最壮观,观潮第一浦江滩。
银涛万叠如山涌,两岸花飞卷雪湍。

作者原注:"八月十八,潮头生日,至浦口观潮。"汹涌的潮水也会冲溃堤岸,造成水灾,如清祝悦霖《川沙竹枝词》:

传闻父老最消魂,雍正年间大海潮。

> 一夜飓风雷样吼,生灵十万作鬼飘。

作者原注:"雍正十年七月十六夜,海潮怒涌,海塘之东,民死什六七,六畜无存,室庐皆为砾场。"张春华《沪城岁事衢歌》:

> 一天秋色靖烦嚣,晴亦相宜雨亦调。
> 争得村农齐拍手,已过八月不风潮。

作者原注:"农人最惧者风潮,七八月间,木棉盈野,禾稼满目,有秋可望矣。猝遇风潮,田畴被淹,即无所措手足。但木棉七月中已可采收,早者八月可收足,晚者亦不过九月中旬,此时风潮无妨全局矣。"特大的潮水叫做"霸王潮",此只是一种比喻、形容,与秦汉之争中的西楚霸王项羽并没有关系。但是,汉字的特征容易使人"望文生义",古人把"霸王潮"与西楚霸王混为一谈,认为是西楚霸王项羽发怒才兴风作浪,掀起所谓的"霸王潮",而项羽又是楚汉之争中刘邦的手下败将,人们就认为在潮水汹涌之处建立汉将的庙就可以战胜、压制"霸王潮"。据记载,历史上沿吴淞江曾有过纪信庙、萧(何)王庙、樊(哙)王庙、英(布)王庙等汉将的庙十八处之多,如今已难找到遗迹了。

纪信是刘邦手下的一员大将,当年项羽围攻荥阳,刘邦危在旦夕,纪信主动提出,由他假扮刘邦率军突围,引诱项羽追击,而刘邦就乘机逃离荥阳。项羽追杀假扮刘邦的纪信后,一怒之下就将纪信活活烧死。刘邦登基做了汉高祖后,就在顺庆建纪王庙。纪信与上海地区并无关系,据南宋《绍熙云间志》中记,"今州县城隍,相传祀纪信云",也就是讲,松江城隍就是纪信。当然,松江人尊纪信为城隍,就是希望纪信能抵挡"霸王潮"。纪王成市于明正德年间,明万历称纪王镇。旧时,小地方的城镇没有城隍庙,于是,松江府城隍在一些地方设所谓的"行祠",相当于府城隍的派出机构,也许纪王的纪王庙就是松江府城隍的"行祠"。我以前读过《纪王庙碑记》,碑文中明确讲,纪王地方的江水特汹涌,人们建纪王庙就是借助汉将纪王的神力抵挡、平息"霸王潮"。地名中蕴藏着许多的文化信息,有许多可歌可泣的故事,这些都是珍贵的文化遗产。纪王的纪王庙早就消失了,据说,当地有一株五百多年树龄的古银杏,它就是当年纪王庙前之物。

2000年析华漕、诸翟、纪王三镇,合并建立新的华漕镇,面积四十六平方公里,新华漕镇的镇政府则设在原诸翟镇,这些是一定要搞清楚的。

以寺得名的七宝镇

七宝镇在上海市中心区西面,隶今闵行区,镇政府在七宝老街,七宝老街也是上海保存较完整的清末民国的古镇,离上海市区很近,这里也成了上海古镇游的好去处,也使七宝成了上海知名度很高的地名。关于"七宝"名称的来历,以及七宝镇的历史文化、传说故事,也是人们喜闻乐见的。

上海科技出版社出版的《上海百科全书》中讲,"相传镇中佛寺内有飞来佛、氽来钟、金鸡、玉筷、玉斧、神树、金字莲花经七宝",于是寺称"七宝树",镇以寺得名。该书既称"传说",也就没有必要追究正确与否。也不知什么原因,中国的佛教和道教崇尚"七",以"七"为名物的事很多,上海辞书出版社《宗教词典》:

七宝,佛教名词。佛经中说法不一。(1)《法华经》以金、银、琉璃、砗磲、码碯(玛瑙)、真珠、玫瑰为七宝。(2)《无量寿经》以金、银、玻璃、珊瑚、码碯、砗磲为七宝。(3)《阿弥陀经》、《大智度论》以赤金、琉璃、玻璃、砗磲、珠、玛瑙为七宝。《般若经》以金、银、琉璃、砗磲、玛瑙、虎(琥)珀、珊瑚为七宝。

砗磲是一种生活在海里的特大型贝类动物,壳的直径可达一米,略呈三角形的圆形,形似车轮,壳的质地近似玉(一般人难以区分砗磲与玉),是制作饰件和工艺品的上好材料。中国的砗磲主要来自南海,宋人周去非《岭外代答·砗磲》:"南海有蚌属曰砗磲,开如大蚶,盈三尺许,亦有盈一尺以上者,惟其大者为贵。"古代,赴南洋深海作业十分艰难,风险很大,砗磲制品很少,很珍贵,而如今,深海作业已不是艰难的事,渔船赴南洋深海作业,未必一定是捕鱼,而是捞砗磲,因为砗磲的价格比鱼贵得多,当然,对海洋资源和生态环境的破坏也很大。砗磲属贝壳类,质地比真玉差多了,且时间太长容易老化、畜色,其质地和价格不及真玉,购买时须注意。佛教七宝实际上是指可以制作宗教器物的七种高档材料,不必非有宗教意义,但既称"七宝",就带上了宗教色彩。宋人孟元老著《东京梦华录》是记录北宋京城开封风俗的著作,卷十《十二月》中记:"初八日,街巷中有僧尼三五人作队念佛,以银铜沙罗或好盆器,坐一金铜或木佛像,浸以香水,杨枝洒浴,排门教化。诸大寺作浴佛会,并送七宝五味粥与门徒,谓之'腊八粥'。"如此看来,十二月初八吃的"腊八粥"本来是佛寺为推广、宣传佛教赠送给凡夫俗子的"七宝五味粥",这"七宝"不是非得在粥里添加七种食物,只是佛教的名词或噱头而已。与宗教不一样,凡夫俗子不喜欢"七",与"七"相关的事物往往会与死人有关,亲人死后的第一个七天须到城隍庙呼喊亲人的名字,叫做"叫七",亲人死后的每隔七天要祭祀,称为"做七",甚至棺材板也被叫做"七星板"。道士作法时,手持的灯盏是引灵魂出窍或入阴曹地府的指路明灯,它也叫做"七星灯"。民间不喜欢"七",于是那佛教的"七宝粥"就被老百姓改称为"八宝粥",今天的"腊八粥"就是"八宝粥"。说了那么多的废话,无非想说明,"七宝"在佛教中是被视为宝物、神器。七宝镇上原有南、北二处七宝寺,七宝镇就是以七宝寺而得名的,此见于清《七宝镇志》的记载,说:"旧志以七宝为北七宝者,因镇有南、北二寺,皆称七宝,北寺隶青浦,而庙貌特宏,故亦称北七宝也"。

《七宝镇志·卷一·名义》中说:

七宝镇,在三十五保。左为横沥,前临蒲汇塘,商贾必由之地。七宝者,本故庵也。初在陆宝山,后吴越王赐以金字藏经,曰:"此亦一宝也。"因改名七宝寺。至宋初徙于镇,遂以取目焉。

《云间志》中有这样的记录:

七宝院,在县东北七十五里,原系福寿院,大中祥符元年(1007年)赐今额。寺有五代时桧,今已合抱。

到了清《七宝镇志·寺庙》,其描述就有了一些变化,说:

> 七宝教寺,在七宝北镇。初名"福寿",在陆宝山,本陆氏香火祠,俗呼"陆宝庵"。既迁吴淞之曲,请于吴越王,赐以金字藏经,曰:"此亦一宝也。"遂改今名。后因吴淞潮坏,三徙至此,而镇亦以寺得名。宋初,张泽舍宅拓寺,今为伽蓝神。僧信协力重建。大中祥符元年,请额。寺有五代时桧及罗汉松,今桧亡而松犹存今松亡亦久。明成化十九年,建大寺殿。万历十三年,里人徐三重重修,僧永业亦修。大殿成,引横沥水灌四围,前有石桥,中香花桥,左右为东西香花桥,南对大街。里人王会有《重修寺记》,宋赵孟頫、明姚道元皆有诗。

清《志》有点添油加醋,讲七宝寺最初只是一陆姓人家的家祠,在陆宝山,故称"陆家庵",由于吴淞江改道的原因,陆宝庵就迁到今七宝地方。这里曾属于吴越国的疆土,吴越王赐给陆宝庵一卷用金粉抄写的经卷,并说"这也是一宝",于是陆氏宗族就把"陆宝"加一宝而改称"七宝"。到了北宋大中祥符元年,"七宝庵"成了佛教寺院,就正式改称为"七宝寺",而七宝镇也是以寺而得名的。

历史追求事实,文化依靠故事。如今,谁也无法考证七宝寺名称的真正来历,而后者更文化,更有趣,还不如宁信其有吧。

1981年作者大学毕业后分配进上海市文物管理委员会,参与上海市历史文物陈列馆(今上海市历史博物馆的前身)的筹建和陈列设计,1984年5月26日,该馆假虹桥路2270号的原上海农业展览馆的一展馆正式开幕,在陈列室里就陈列一件金字写经,蓝底金字,不过,金字

褪色严重,展品说明就称这是原七宝寺的金字藏经。后来读《七宝镇志》,在《名绩》中有这样的记录:

> 金字莲经,吴越王赐七宝教寺。其经蓝纸金字,段落处绘一莲花。现藏西北房僧舍,惜已散失不全参郡邑府志补入。

如此看来,《七宝镇志》的修纂者也没有见到过七宝寺的"金字莲经",他只是根据旧志的记录做的补充。估计到了清代,这"金字莲经"就不见了。上海解放初,仿前苏联的体制成立了上海历史与建设博物馆筹备处,该馆是新建的馆,资料、展品缺乏,于是根据文献、图片的记录做了不少"展品",因没有相应的记录,时间长了,只有当事人才知道哪些是真品,哪些是当年做的"展品"。我估计,这件"金字莲经"就是当年做的"展品"。

七宝镇的地理位置十分特殊,清《七宝镇志·卷一·郡县建置沿

如今的七宝古镇

革》中讲：

> 吾镇为娄、上、青三邑之通衢，又为娄、上、青三邑之分界。则其他可不论，而三邑析县之故，及所分之界不得不详考焉。按省志及郡、邑志：元世祖至元十四年，升嘉兴府为路，升华亭县为府，属焉。其时，吾镇专隶华亭。十五年，改为松江府，二十九年，从知府仆散翰文议，割华亭东北五乡立上海县，是时吾镇又隶上海。明太祖洪武中，以松江府直隶南京，隶县二，曰华亭，曰上海。嘉靖二十一年，巡抚都御史夏邦谟，巡抚御史舒汀奏，割华亭、上海地建青浦县于青龙镇，是时吾镇又隶青浦，三十二年废。万历元年，兵科都给事中蔡汝贤疏请复县，巡抚都御史张桂允复议，从之，移治唐行镇，即今青浦县治是也。是知，终明季之世，吾镇属华、上、青三邑云。国朝顺治二年，平定江南，改南直隶为江南省，府仍隶焉。十二年，知府李正华建议，以华亭田赋百万，非一令所能经理，请分为两县，巡抚都御史张中元具题。十三年，奉旨建娄县，分华亭县风泾、胥浦二乡及集贤、华亭、修竹、新江四乡之半，初设治于水次仓。十七年，知县王有极迁于府治之北，是为娄县。于是，吾镇无华亭而又隶娄县，即今吾镇所属娄、上、青三邑是也。而其分界，以蒲汇塘为主，塘之南为娄县，北为青浦，东二里许，塘之北曰壁桥，其桥东，即上海也。吾镇郡县之沿革如此。

这段文字言简意赅，清晰地叙述了从元代开始的上海地区的建置沿革,以及七宝的归属,有意上海古代历史者可以慢慢阅读,认真领会,反正,到了清朝,七宝地方分属娄县、上海、青浦三县,蒲汇塘是分界线,塘的南面属娄县,北面属青浦,七宝镇东二里许的蒲汇塘上有一蹩桥,桥东则属上海县。

蒲汇塘至今还在,东起徐汇区的漕河泾港,西接松江区淀浦河,流经虹桥、七宝,而历史上的蒲汇塘东面在徐家汇附近与肇嘉浜(旧河道相当于今漕溪北路、肇嘉浜路、徐家汇路、方斜路、复兴东路),是上海县城通往松江的主要航道,是上海人去松江的主要途径。当然,七宝镇的兴衰与水上航运有密切的关系。《清嘉庆一统志》中讲:"七宝镇,在青浦县东南四十五里,居华亭之东北、上海之西南,三县分界处,前临蒲汇塘,商旅辐辏。明初置税课局,本朝设县丞驻此。"不过,进入近代后,上海的肇嘉浜逐渐淤塞而成了臭水浜,失去了航运上的功能,上

七宝老街前的牌坊

海至松江的水运改走别的河道,七宝镇就逐渐衰落了。七宝镇的重新兴起应该在建国以后,上海是一个特大型的城市,蔬菜等副食品主要依赖郊区供应,七宝是离上海市区最近的乡镇,于是农田大多改为菜田,农民也成了菜农。种菜的收入远比种粮食的收入高,于是,七宝就成了上海最富裕的郊区之一。富裕起来的农民首先做的事就是拆除旧房,重建新楼,如今的七宝老街,除了新建的仿古建筑外,被当作"古建筑"保护下来的旧宅,大多是建国后重建的民宅,当然,还会有少量的民国建筑。

曹家渡与曹氏宗族

沪西的"曹家渡"是一个知名度很高的区片地名。也许有的读者不一定清楚"区片地名"的定义，这里先作解释。一般讲，地名是地理实体的名称，延伸之，地名也可以指实体的名称。在城市里，最主要的地理实体就是道路、河流、住宅区，所以前者就是道路、河流、住宅区的名称，城市里多建筑、机构、桥梁等，后者则是建筑物、机构、桥梁等实体的名称，如东方明珠、金茂大厦为建筑物名，复旦大学、交通大学等是机构名，外白渡桥、垃圾桥等是桥梁名。这些地名都有明确的方位、区域或范围，有明确的界线。而区片地名大多是有一个相对固定、明确的中心，但边界含糊不清的地名，如"提篮桥"是沪东知名度很高的区片地名，它的中心点一般指东大名路、杨树

曹家渡苏州河

浦路、霍山路、海门路相汇合的点的地方,也可以指这个点附近的一个区片的地方。同样,曹家渡也是如此,它的中心点是指长寿路、万航渡路、长宁路相交的地方。而作为地名,曹家渡还指这个中心点附近的一片区域。一般讲,道路、河流、大楼、住宅区地名都是"注册地名",注册后不得随意更改,而区片地名一般为"非注册地名",能保留下来并被广为熟知的区片地名大多是沿用了很久的历史地名,曹家渡是其中之一。

望文生义,曹家渡最初是一个渡口地名,而且这个渡口与曹姓人家有关。

曹姓的历史可以上溯到春秋时期。公元前11世纪,周王建立西周王朝后分封诸侯,周武王的弟弟振铎的封地为曹国,建都陶丘(今山东省定陶西南),实际封地范围相当于今山东省西南。曹国原为姬姓,公元前487年曹国被宋国所灭,于是"以国为姓",原曹国的后裔大多改为曹姓。在南北朝的人口大迁徙中,原山东的曹姓向南迁移,其中不少就在淮南一带定居下来,直到今天,今徽州地区以汪、程、曹、胡为"四大姓",曹姓居第三。上海著名的徽墨商号——"曹素功"就是徽州曹姓人氏开办的。

当南宋迁都临安(今杭州市)时,不少世居淮南的曹姓宗族也跟着南迁江南。据上海《曹氏宗谱》中记,曹姓"从而徙者一十八支",其中有一位叫曹大明者率领一支曹氏宗族"卜居华亭县上海镇(宋末元初上海尚未建县,只是华亭县下的一个镇)范家浜之左,即今曹家渡。""范家浜"是上海一条古河道,由于它很早就消失了,后来的学者对范家浜的流经地方有不少考证文章,但分歧太大,以致谁也讲不清楚。而曹氏始迁上海后"卜居华亭县上海镇范家浜之左,即今曹家渡"这段文字提供了一条信息,即古代的范家浜流经今天的曹家渡附近,曹家渡在范家浜的左岸。按古代地名习惯,以河流作坐标时,一般以人站在上游面视下游,左边称"左",右边称"右",如长江流经今江西与安徽分界处时突然改向北流,这一段长江的左岸即江西省,右岸旧称"江东";而中国的地势西高东低,大多数大河是由西向东流的,于是,"左岸"一般指江北,而"右岸"指江南,"范家浜之左"应该是范家浜的北岸。

今曹家渡地区旧时属于法华乡二十八保八、九图,《民国法华乡志·卷一》记录这里就有南曹家宅、北曹家宅、曹家渡市,该志附图中还标出这些自然村宅的具体位置。看来,古代的曹家渡一带确实是曹姓比较集中的地段。

《同治上海县志·卷十八·人物》中记:"曹闵,字崇孝,号锦溪。曹家行人。弘治九年进士,授沙县知县。"这是旧上海县志中收录的第一位姓曹的人,他就是"曹家行人",应该讲,这个"曹家行"就在今曹家渡一带。曹闵以政绩突出而晋南京御史,正德年间他又和同僚合告刘瑾叛孽罪有功而晋广西佥事。当时刘瑾虽被打入大牢,但其党羽活动依然猖獗,政局很不稳定,于是曹闵叹曰"一瑾去而众瑾尚存",这样的局面难以应付,便主动辞官,回到了曹家行。而他的族人依靠曹闵的关系,日子也开始好过起来了,一些有能耐的人就离开乡下住进了城里,于是上海县城曹姓人家逐渐增多。

与曹闵相近年代的人物中出了一位名医曹诚(守愚),他在城里开诊所,明嘉靖倭患严重,就避居到城南"五里村"(今五里桥路附近)。《同治上海县志》中讲,他"世出医,诊视有神解,投以丹膏,病立起",他为人"敦朴廉介",他家还开了一家药房,经常有粗心的顾客把钱财遗忘在店里,他总是想方设法归还失主。一次,有一病家将巨款遗失在店中,而失主已记不清钱丢在哪里了,曹诚还特地关照家人,这是失主丢失的钱,他们一定很着急,一定要想办法归还失主。一直过了许多天,失主打着试探的心理找到药房,经核实后领回了自己的钱。曹家拾金不昧的行为在上海广为传颂,上海名绅陈所蕴(他是明代上海三大名园——日涉园的主人)还特地撰写了《还金传》。好有好报,曹诚的后代出了不少名人,其中他的曾孙曹垂灿则是上海史上很有名气的人物之一。

据《同治上海县志》中讲,曹垂灿,字天琪,号绿岩,顺治四年进士,先后任河北藁城和浙江遂安知县;在职期间实施惠政,口碑极好。不过他无意官场,就辞职回家,组织和参与《康熙上海县志》的编写。《县志》中还讲:

> 顺治间,海寇犯境,总兵王燝诬民通贼,欲屠之。垂灿泣告县令阎绍庆及苏理刑杨昌龄,愿以百口保之,并与绅士国请于抚军,乃得免。

原来,在顺治后期,归顺于南明政权的郑成功部率军沿海北上,还顺长江而上攻到南京,上海的局势很紧张。驻守上海的总兵抵挡不住郑成功部的锐势而吃了败仗,为了推托罪责,嫁祸于人,他就称是上海的百姓与南明军队勾结,才使战争失败,并要镇压百姓。后来曹垂灿以自己宗族的生命作担保,才避免了这场大屠杀。而民间对此事另有说法,如清嘉庆时刻印的《沪城岁时衢歌》中讲:

> 吾邑香火之盛,无踰于城隍庙。相传神为邑人明翰林待制秦公裕伯也,在明季已为神。国朝顺治十年秋,海寇张名振再犯县治,总兵官王燝督战辱师,民聚而诟。巡抚周按临,燝恐民暴其走遁失机状,反诬民通贼,自南浦至静安寺界欲尽屠之,周惑其说。邑侯阎绍庆偕邑绅曹公垂灿连袂长跪,愿以百口为保。不许,将俟鸡鸣纵戮。是夕,神降官廨,俨立阶下,周心动。至夜半,仍欲屠之,又见神直视摇首,如是者数四,遂释。凡吾邑人得休养生息以留遗至今者,谁非神之赐与?岁欲除,比户具牲醴瞻拜庙庭,于神麻未足答万也。

这个故事神化了,就是曹垂灿的求情并没有作用,后来还是上海城隍的出现才避免了这场大屠杀。而这个故事最早见于曹垂灿孙子曹一士写的《上海城隍神颂》,该颂碑原陈放在上海城隍庙,今已不知去向,上海市历史博物馆藏有拓片。

垂灿的儿子叫曹炯曾(字世宏),他做过江西赣州的知县。他在康熙四十年(1702年)时奉母命在上海建"曹家祠堂",这个祠堂就建在当时的铎庵内。由于这一支的曹氏后代人才辈出,据不完全统计,他们后人中被收入《上海县志》者近三十人,大概是一个宗族中被收入地方志传记的第一名了。如曹泰曾的小儿子曹一士(字谔廷,号济寰)是雍正八年(1730年)进士,由翰林擢御史,后调"工科给事中",所提建议多次被皇帝采纳,并受到皇帝嘉奖,以后还参加修订宫廷制度,并参加四库全书的编撰,个人著有《四焉斋集》。曹一士的儿子曹锡端(字崧畦)也做江宁(今南京)训导,他的诗文名气很大,被称为"东吴十子"之一。曹垂灿的七世孙叫曹树珊,也是出名的人物,因为他排行第三,时人尊称其为"三爷"。在近代上海戏曲研究中常把上海城内的"三雅园"讲作上海有记载的第一家戏院,原来在道光年间,南门白洋弄有一个厨师决定自开饭店,就请曹树珊题名,他就取了个"德大馆"的名称,并为之题书匾额。由于曹三爷的名气太大了,这个"德大馆"虽然一般平常,而三爷为之题额的消息却不迳而走,于是这个饭馆就被叫作"三爷园"了,而这个"三爷"作为饭店名称又不太合适,曹树珊就重新为这个饭馆取名为"三雅"。

在五四运动中被指为头号卖国贼的曹汝霖也是上海城里人,并且也是这支曹氏的后代。他代表袁世凯政府同日本公使谈判,签订了丧权辱国的"二十一条",后来又代表段祺瑞政府向日本秘密借款。他被人骂作卖国贼是"罪有应得",但曹汝霖家族是上海史上绝无仅有的"三代进士"、"四代一品"家庭。他的曾祖父曹耀淳(字古松)、祖父曹钟绅(号载山)、父亲曹成达(字豫才)三代都是进士,他们和曹汝霖均在宣统时获赏"一品封赠"。

由于这支曹氏常盛不衰，所以曹家祠堂也是上海存在时间最长的祠堂，曹家街和曹家桥也是因这个祠堂而得名的。据说1919年北京爆发五四运动的消息传到上海后，曹汝霖的家以及这个曹家祠堂也受到冲击。也许出自无颜愧对国人，这个曹家祠堂从此衰落下去了。在今西门文庙的西面有一条曹市弄，它在解放前的名字叫"曹祠弄"，就是以曹家祠堂得名的，这个曹家祠堂就在曹祠弄7号。

据上海《曹氏宗谱》中记载，上海曹氏自南宋南迁，始迁曹家渡，至明永乐十二年(1414年)曹氏成员中有一个叫曹孟庄的人中过举人，并将自己的家属迁到现在的周浦。当时周浦镇还没形成，所以这里被叫作"曹家弄"。又经过几代后，其后人曹俸(字巨禄)又把自己的家属迁到南汇的白洋，他就被尊为浦东曹氏的第一代，而他的儿子曹桂(字竹轩)又率这支曹氏迁到"川邑二十保二十五图都台浦"，这个地方就是现在川沙县东北的曹路。当然，这个曹路的地名也是以曹氏集中而得名的。据最新出版的《沙川县志》中记载，现在川沙共有曹姓1.1万余人，各姓氏中排名第十七位，而川沙的曹姓大部分集中在曹路附近，它在这里一带人口仅次于顾姓而排名第二位。

真如的管弄

自家从虹口搬到普陀区后,特别关注家周边以及普陀区的历史与文化。离我家不远,即今岚皋路东、光新路西、沪宁铁路南、华池路北相围的地方叫"管弄新村",当地人称此一带为"管弄"。112路公共汽车的起迄站就是人民广场到管弄。大概是1985年,管弄新村刚落成时,我的一位朋友就搬迁到管弄新村新居,我还应邀去"暖房",也就是去庆贺乔迁之喜。我已记不清当时是坐哪一号公交车去的,只是感觉很远,周边还是农地和棚户,想不到若干年后,我也搬迁到与此相近的地方,也就是上海历史上称之"三湾一弄"之一的朱家湾地区。

"管弄"之名有点特别,望文生义,应该是因管姓人家集中居住而得名的,管姓是一个稀姓,我旧时邻居中有一管姓,而且是"本地人"的家庭,他们的后代只知道老家在上海的西北方,但并不知上海西北有一个叫"管弄"的地名,更不知道他们的祖籍是否是"管弄"。

今管弄一带旧属宝山县真如乡,而我手头正巧有清乾隆抄本和

1917年辑本《真如里志》各一册,以及1924年《真如志》一册,可以断定"管弄"是管氏宗族集居而得名的,《真如里志·宗祠》中记:

清末宝山县真如乡地图,所标"管弄"属真如乡生二十二图信字圩

> 管氏宗祠。在生号廿二图。清乾隆十二年管惠斋建。

核对《真如志》中的分图,这个"管弄"就是在"真如乡生二十二图"的"信圩"与"岁圩"。

管姓是个稀姓,真如也是一个小地方,历史上出现过的"大人物"很少,管氏宗族中也是如此,在《真如志》的"人物"卷中只收了一位叫作"管老虎"的人,这位连大名也不用的人一定是一个穷人,《志》中讲:

> 管老虎,父廷章。无子。因抚兄子传金为嗣。兄与弟或同居,或客处,都不侍养,虎最贫,屡事母至孝,佣工村中,得钱养母,尝以佣工之肉省于(与)母食,不敢自啖。邻里咸称其孝。道光二十九年岁荒不给,里长误载虎年,竟缺其赈,乞食四方,日必跪进母食,忍饿自甘。又常为母涤溺器,未尝一日不供子职。及母丧殡

葬,虎又独任其孝行如此。陆氏享寿八十,虎没(殁)于光绪元年六月十二日,无疾卒,年六十九岁。

这是一段不成故事的故事,管家出了一个孝子,但又出了一群不孝之子,当值得表扬呢,还是应该严厉谴责。

但管氏被收入方志者还有多人,其中几位是"耆民",也就是长寿的人,他们有:

管宗元。居生号廿一图,卒年八十六岁。

管明伦。居生号廿一图。卒年八十三岁。

管鹤占。居生号廿二图。卒年八十一岁。

管协皋。居生号廿二图。卒年八十岁。

管氏。许汉之妻。居生号七图。卒年八十六岁。

管氏宗族中受褒奖的也有几位,《真如里志·匾额》中记:

钟郝遗徽(知县陈为管成炎继妻刘氏、娄侯氏二节妇合给)。

《真如里志·列女》中记:

管氏。张启贤妻。二十岁夫亡,孝养两姑,终身素服。

明清制度,对德行高尚的女子给以褒奖,名目分节妇、烈妇、烈女几等,节妇即守节之妇,规定妇女在三十岁以前丧夫,守节超过十年者给以旌表,至五十岁或未满五十岁身故者为"节妇",由乡向地方政府上报,经省政府批准后呈礼部核议恩准,给银三十两,准许宗族为其立"孝节坊"或"节妇坊";烈妇是指夫亡殉夫或遭到强暴受辱,以死殉节的妇女,未婚女子遭强暴受辱而守节致死者称之烈女,经逐节上报后送礼部核议题准,给银三十两建立"烈女坊"或"贞烈坊"。管弄的这位管氏被列入"烈女",应该是一位以死抗暴的"烈妇"。

讲了这么多并无故事的管姓故事,无非想说明,管弄一带确实有许多姓管的人,而管弄就是以管姓宗族集居而得名的。

现在的普陀区政府东临大渡河路,北靠铜川路,南面和西面均为"北石路",而在其之南面和东面又有"南石路"、"南石一路"、"南石四路"之类的路名,我到普陀区政府开会,经常有人会问,这"北石"和"南石"是什么意思,这些路名是怎么来的。

也许很少有人知道,这"北石路"和"南石路"是普陀区保存不多的历史地名,也是这一带最老的道路名。

真如镇以真如寺得名,据《真如里志·卷二·寺庙》中记:

> 真如寺。镇北生九图。一名万寿寺,俗名大寺。旧在官场,宋嘉定间僧永安以真如院改建。元延祐七年,僧妙心移建桃浦,请额改寺。明洪武间僧道馨、弘治间僧法雷两次重修之。明邑侯王应鹏《憩真如寺》:"使命忽忽向晚过,香烟入户绕松萝。寻幽直

到云深处，中有高僧写贝多。"

"官场"即今宝山区大场镇，据记载，宋代最初的盐场管理机构设在此地，故称"大场"或"官场"，"桃浦"是原吴淞江北岸支流，今宝山区桃浦镇即以这条河流得名，《真如里志》称之为"桃树浦"，释文：

> 桃树浦。浦种桃树，故名。南至虬江，经牧童港出吴淞江，北达走马塘。南北十里，舟楫往来，昼夜不绝。

"牧童港"今写作"木渎港"。桃浦依旧，只是昔日"舟楫往来，昼夜不绝"的景色早已消失了。早在宋代时在大场有一万寿寺，也是在宋代，僧人妙心扩建万寿寺中的真如院，到元朝延祐七年(1320年)僧妙心又将真如院移迁到桃浦岸边，也就是今真如镇重建，并正式向政府注册取名"真如寺"，在以后的一段时间里，真如寺几次重修。

中国的古代建筑大多为木结构或砖木结构，而此类建筑即使不被火灾、兵燹破坏，也会自然损毁，因此，过若干年后必须大修，而"大修"是一个比较模糊的概念，它可以指不落架，即不将建筑的框架拆除大修，也可以指落架——即将建筑拆下来后按原样重建，我们无法知道古人对真如寺的"大修"是指哪一种方式的大修。杨嘉祐先生是上海文博界的前辈，他在《上海风物古今谈》一书中讲：

> 真如寺正殿有很高的文物价值。还在1950年，华东文化部

调查上海的古建筑,发现了此殿的内额枋底有双钩阴刻墨字:"昔大元岁次庚申延祐七年癸未季夏月乙巳二十乙日巽时鼎建",遂请古建筑专家刘敦桢教授前来勘查鉴定,确认殿内的金柱、柱础和一部分斗栱,都是元代之物,平棊草架的做法也具有元代的特征。

现在的楼房建设中一般把建筑的主体工程结束称为"封顶",而在古代中国民居中,当建筑的框架工程进行到最后一道程序——上梁,即将建筑中最重要大梁架设上去,即相当于今日的"封顶"。古人十分重视"上梁",于是上梁时有一些仪式和风俗,讲究一点的,在上梁时要颂读"上梁文",还要发送上梁馒头等。大多数人还要请地理先生挑选一个黄道吉日和吉时,有的还会将上梁的吉日、吉时写到梁上。"鼎"是六十四卦名,卦形为巽上离下(䷱),卦辞为:"鼎。元吉,亨。"是一个祥卦,于是古人又以"鼎建"指营造或顺利营造。如明沈德符《野获编·列朝二·庙议献谄不用》:"嘉靖中,太庙被灾,寻即鼎建。"应该讲,今真如寺梁上的"昔(时)大元岁次庚申延祐七年癸未季夏月乙巳二十乙(一)日巽时",就是当时挑选上梁的吉日、吉时,实际上也是真如寺的上梁日期。

杨先生还讲:

1963年修理时,发现元代构件如柱、斗栱、梁、枋的榫卯的隐蔽处,都有工匠书写的墨字,标明构件的部位和名称。这一发现,可以了解当时木工的操作过程,即在开料后,就写上名称部位,划定尺寸,由"关彻师傅"(木工总负责人)交给各木工制作。同时,也得知木匠们使用的名称,大部分是俗称,与《营造法式》的名称不同,所书写的字,也是简化字和谐音字,如"东"字与现在的简化字相同。"金"写作"今",则取音同。还有"头"写成"久"。《营造法式》称"华栱",此处写作"杪久","令栱"则写成"角丹"。古代江南建筑工人,有很多的行帮,都有惯用的名称。真如寺正殿的这件构件,为研究建筑史提供了不少难得的资料。

不过,我据此得出的是另一个结论,古代营造大多凭匠工的经验,而古建筑的斗拱、榫卯的结构比较复杂,构件大多是一边做一边装的,先凿卯后做榫头,如榫头做大了,再修正后安装,而装进去后就难以取出,所以不可能如现代营造中构件为"标准件"一样,也不可能先编号,匠工根据编号安装,犹如我们对重要的古建筑落架大修一样,拆下来的建筑应该和必须进行编号,然后才能依据编号重新组装。真如寺中有编号的建筑构件应该就是当年大修时在拆建筑时所标的记号,而据此也可以得出这样的结论——有这种记号的构件应该是原来的构件。

1935年《真如志·卷三·实业志·商业》中对真如的经济发展有一段描述:

> 本镇商业始于元代,盛于明清,以地当(南)翔沪之冲,为必经之孔道,两地往来者每就镇膳食啜茗或投宿焉。……自光绪季年

沪宁铁路通车后无有迁道之旅客,且沪地工厂林立,手工业之杜布(杜布即土布)受其打击,产销不旺,又以邻镇市而勃兴而本镇商业逐渐衰落矣。甲子(1924年)兵燹,元气斫伤,更形清淡,唯火车站(镇北三里)一隅,自暨南大学迁来后渐见兴盛,有商铺四五十家,以衣食之店为多,供学生之需用也。他日暨校新村实现,则其商业之发展当在意中。

真如镇处于上海至南翔的交通要道,以前出行和运输主要靠木船,于是行旅促使真如镇的发展,1906年沪宁铁路通车后,铁路取代了水运,真如镇衰落了,而1924年的江浙战争中,真如地区又是战争区而遭破坏;暨南大学是一所主要吸收华侨子弟的学校,1906年创办于南京,1923年迁上海真如,解放后停办,1978年在广州复校,今仍为主要吸收华侨子弟的大学。暨南大学迁到真如后,给真如经济发展带来机会,不过,1937年抗日战争爆发后,真如镇又一次遭战争重创,这里真正的复兴应该是在上世纪70年代。

真如以真如寺得名,但"真如寺"以何得名,古代方志、碑刻中均没有留下记录。"真如"为佛教中语,意即永恒存在的实体、实性,也就是宇宙中万有的本体。范文澜《唐代佛教·佛教各派》中释:"事物生灭变化,都不离真如。故真如即万法(事物),万法即真如。真如于万法,无碍融通。"真如寺取自佛教语词应该是可信的。

真如也被写作"真茹",如今天的延安中学原名"真如中学"或"真茹中学",由中国著名银行家张家璈、著名财政及园艺家黄岳渊等于

1946年创办于"真如车站路26号",1947年迁到上海中正西路(延安西路)601号的原英国驻军兵营,1954年改名延安中学。在一份老的暨南大学校区图中也可以看到,校区内也有一条"真茹路"。据考证,当年修建沪宁铁路时,外籍工程师在标真如火车站时,他不理解,也不知道真如地名来自真如寺,于是将"真如"讹作"真茹",于是"真茹"也成了"真如"的另一种写法。

真如寺在真如镇的北面,中间有一条被叫作"犁辕浜"的河流相隔,犁辕浜是连接桃浦与虬江的河道。据《真如志》中讲,犁辕浜俗称"梨园浜",很容易使人以为这里曾是演出艺人集中的地方而得名。实际上"辕"是指古代车辆中架在牛、马身上的车把,于是犁地时架在牛脖子上的木架也被叫作"犁辕"、"犁鸵"、"犁槅"等名,通常为"人"字形,而这条犁辕浜确实呈"人"字形的,于是被叫作"犁辕浜",它的部分就是今天的"真如港"。

沪东名镇引翔港

1932年1月,日本帝国主义悍然发动侵华战争,即一·二八淞沪战争。战争的导火线就是"三友实业社事件",三友实业社的旧址在杨树浦的引翔港,如上海人民出版社出版的《老上海名人名事名物大观》中讲:"三友实业社,1912年由陈万运、沈九成、沈启涌集资四百五十万元创办。位于上海北四川路士庆里……1916年改组为股份有限公司。1917年迁厂于杨树浦引翔港,试制三角牌毛巾,是中国最早生产毛巾的工厂。"所以,"三友实业社事件"又被叫做"引翔港事件"。上海人民出版社出版唐振常先生主编的《上海史》中讲:"1932年1月28日,在日本当局的策划下,五名日本和尚在马玉山路(今双阳路)三友实业社棉织厂附近进行挑衅,被工人殴打。20日凌晨,四五十名日本浪人借口此事系该厂抗日义勇军所为,携带火酒、汽油、硫磺等前往三友实业社棉织厂两次纵火,并袭击附近岗亭,砍死公共租界华捕一名,刺伤两名。"于是该事件又被叫做"马玉山路事件"。引翔港既是河流名,也是行政区划中的镇名,而"马玉山路"则是引翔港镇的主要道路名,就是今天的双阳路。"引翔港"和"引翔港镇"早就消失了,但它仍是沪东地区比较著名的片区地名,今天,双阳路的东侧、长阳路的北面还有一个被称之为"引翔港小区"的住宅区。也许,人们更想了解这"引翔港"的历史,这里的一条马路为啥被叫做"马玉山路"?

《同治上海县志·卷三·水道上》在记录吴淞江北岸河流中记:

> 尹祥港又名引翔港,向从引翔镇马(码)头入,口为土塘堵塞,改从西南杨树浦分流入,东名周塘浜,可出虬江,西北流,通马桥。

古代中国的测绘和绘图水平极差,根本无法与今日的地图对照使用,但是,其指向性一般是不会弄错的。《同治上海县志·卷首》有《上海县北境水道路》,可以清晰地看到,引翔港是黄浦江浦西之流,其西南有"杨木浦",《同治上海县志》中已明确指出"杨木浦乃杨树浦别名",

清末杨树浦引翔桥附近还是一派田园风光

东北有"西虬江",这条虬江是旧吴淞江故道,略同于今杨树浦地区的虬江河。这样就清楚了,至迟在清同治年间,引翔港入黄浦江的码头处被人口筑的土塘堵塞了,水流不畅,只能在西南开挖一条水道,与杨树浦(河流名,今称杨树浦河,即沿兰州路的那条河)相接,再并入虹江河。历史上的吴淞江是一条很大的河流,它也成了上海、青浦与宝山、嘉定的界河,当吴淞江下游淤塞而成了"旧江"(即虬江),至迟到清末,旧江就是上海县与宝山县的分界河,北面是宝山县,南面是上海县,引翔港大部分在上海县境内,只有很小一段在宝山县境内。它原名叫"尹祥港",巧的是,引翔港的北端是宝山县的"衣字图",而南面是上海县的"祥字图",而沪方言中,"尹"与"衣"是同音字,可以推断,该河是各取"衣字图"和"祥字图"的首字而被叫做"衣祥港",而在上海方言中,"尹"作姓氏时又念作 yin,如已故著名越剧表演艺术家尹桂芬,上海话讲做"yin 桂芳",于是"尹祥港"又讹作"引翔港"。

  清代或清代以前,"镇"和"市"并不是行政区划名称,而只是"市镇"的概念,"镇"即城镇,指相应常住人口和一定规模的城镇,而"市"则是常住人口少于镇,有一定商业活动的小城镇,"市"即市场,民国以后,"市"作为 city 或 town 使用后,为示区分,人们会把古代的"市"讲做"草市"。《同治上海县志·卷一·疆域·镇市》在记录上海县城北面的镇市中提到:

> 引翔港市县东北二十里。旧志称:近海口警防要地,实则去吴淞口尚有十六里。

引翔港在黄浦江右岸,离吴淞口八公里,离上海县城十公里,《同治上海县志》讲的"前志"是指《嘉庆上海县志》,当时的引翔港是"警防要地",在这里设有军事单位,大概到了道光、咸丰时,这里出现集市,就被叫做"引翔港市"。

1843年11月17日上海开埠,1845年,英租界率先在吴淞江(苏州河)南岸建立,1848年,美租界在吴淞江北岸的虹口建立,习称"虹口美租界",1863年,英、美租界合并,英文名称为 Shanghai Foreign Settlement,中文名称"上海英美租界",即后来的"公共租界"(Shanghai International Settlement),但是,习惯上人们仍把苏州河南岸的租界叫做"英租界",北岸的租界叫做"美租界"或"虹口美租界"。当时,虹口美租界建立时并无明确的协定,只是讲"吴淞江以北虹口三里之地"为美租界,此为以后虹口租界的扩张埋下了伏笔。1893年,上海道与美国驻上海领事签订《新定虹口租界章程》,租界的东界伸到杨树浦河,1899年,公共租界再一次扩张成功,租界的东界伸到杨树浦底,杨树浦地区成了上海的工厂区和码头作业区。引翔港镇未被划进租界,但它与租界相邻,大概在今长阳路与租界相望,这也使引翔港镇日益兴旺,成为沪东地区人口密集的地区。1908年,清廷颁布《全国城乡镇自治条例》,全国推行城乡镇自治,并规定,人口在五万以下、一万四千以上的地区建立"乡"。引翔港地区的人口在五万以下,遂设"引翔港乡",乡公所就设在引翔港镇,区域为包括租界在内,虹口港以东的原上海县全境,也是上海县最东边和北边的乡。

至迟在清同治年间,引翔港通黄浦江的出口就被土塘堵塞了,当杨树浦地区被划进租界后,杨树浦地区沿黄浦江岸几乎全部被工厂占满,引翔港出口彻底被堵而成了一条死河浜,再加上引翔港地区人口迅速增加,引翔港也彻底淤塞。《民国上海县志·卷十一·工程·道路》中记:

> 马玉山路在引翔镇北,民国十一年,由粤商马玉山倡捐巨资筑成,故名。

马玉山,名洪宝,以字行,1878年出生在广东香山县谷都外塘敢村(后来的中山县三山公社东桂大队),他家与孙中山故乡翠亨村仅一河之隔,所以马玉山与孙中山是同乡。马玉山的父亲马载宽在马玉山五岁时就随乡人渡海去菲律宾,在一家甘蔗种植场帮工,日子过得很艰辛。1895年,马玉山离开家乡到菲律宾,在他父亲工作的甘蔗场工作,几年后,父子俩有了点积蓄,就计划自己创业。

马玉山像

适逢20世纪初"美菲战争"结束,马尼拉城市留下一片废墟,工厂停工,商店关门,市场萧条,而在农村,不少庄园主人逃离,土地没有人耕种、管理,农田的价格十分低廉,土地产权处于重新组合之中,马玉山联合家族的资本以很低的价格买进了近千亩的甘蔗场,进而在马尼拉创办了"马玉山糖果饼干公司"。马玉山糖果饼干公司得到较快的发展，成为菲律宾著名的食品加工企业。

1912年中华民国成立后，南京政府临时大总统孙中山为了振兴中国民族工业，同时也对辛亥革命期间支持革命的海外华侨表示感谢，号召海外华侨回国投资实业，并在政策上税收上给予优惠。马玉山是孙中山的同乡，辛亥革命期间曾大力资助革命，于是1912年马玉山又回到广州，经过慎重考虑，他将马玉山糖果饼干公司的总部迁到香港，而马尼拉的公司改为分公司，并在香港建立糖果厂和饼干厂。香港毕竟是英国的殖民地，马玉山厂生产的糖浆直接影响了英商太古糖房的利益，太古公司则通过多种途径制约马玉山的粗糖和糖浆的进口渠道，又通过银行制约其资金流通渠道，马玉山糖果饼干公司在香港惨淡经营几年后，他又作出一个重大的决策——到上海去。

1920年，马玉山通过上海商业储蓄银行襄理马聘三的关系，委托金城等几家银行发行股票，成立中华国民制糖有限公司。这一年，马玉山购进南京路512号的地块建造了一幢漂亮的商务楼，把马玉山糖果饼干公司的总部迁到上海的这幢新楼里。1921年11月15日，他们又假座上海总商会礼堂，宣布中华国民制糖股份有限公司正式成立，工厂筹建正式上马，马玉山任筹备主任，杨小川、王一亭、劳敬修等为筹备处成员。

中华国民制糖厂选址在宝山吴淞蕰藻浜的泗塘河边，占地190亩，这基于二个原因：其一，所征之地均是农田，地价较低；其二，蕰藻浜直通吴淞口，水陆交通方便。1925年3月工厂建成开工，机器购自德国的格雷芬机器厂,日产白砂糖三百吨,它成了中国第一家大型机器制糖厂,而生产能力也超过太古糖房。

由于制糖厂远在吴淞,当时,开筑不久的军工路是吴淞与杨树浦的主要通道,于是马玉山在引翔路兴建工棚,每天用车子接送工人上下班,"马玉山路"也因此得名。

南京路480号,即马玉山投资建造的马玉山糖果公司大楼

1927年南京国民政府建立,同年,颁布《特别市组织法》,上海建为"特别市"。1930年5月20日,又颁布《市组织法》,原"特别市"取消"特别"而称"市",从此,"市"脱离了"草市"而成为城市的通用名称。上海特别市相当于今日所谓的"中央直辖市",遂将原上海县的全部和宝山、川沙、松江等县的部分划归上海特别市,原引翔乡改组为引翔区,面积27平方公里余。1946年撤销引翔区,并入新市区,1950年并入杨浦区。今"引翔港"仅作为区片地名,指长阳路、双阳路交叉口附近一带。

今杨树浦地区的长阳路、隆昌路、河间路、内江路相围的区域,当地人称之为"白Ling寺",有音无字,常被写做白林寺、白灵寺、白领寺、白领事等,很少有人知道,这里为啥会被叫做"白Ling寺",它又是什么意思。《同治上海县志·卷三十一·杂记二》中记：

> 白衣庵，在引翔港镇东，明万历间建。俗呼东观音堂。

古代，中国佛教僧人大多穿深颜色的衣服，于是僧人称俗家为"白衣"。观世音是菩萨，不过她的形象是身著白衣，脚踩鳌鱼或坐白莲，手持白瓶，于是被叫做"白衣大士"或"白衣仙人"。清俞正燮《癸巳类稿·观世音菩萨传略跋》："《咸淳临安志》云：'晋天福四年，得奇木，刻观音大士像。钱忠懿王(钱俶)梦白衣人求治其居。王感悟，即其地建天竺看经院。'白衣本毗陀天女，而俗人名为白衣观音。"宋苏轼《雨中游天竺灵感观音院》诗："蚕欲老，麦半黄，前山后山雨浪浪。农夫辍耒女废筐，白衣仙人在高堂。"所以，"白衣庵"就是观音寺，历史上的上海有多处白衣庵，大多是主供观世音菩萨的观音寺。引翔港东的白衣庵最初应该是一尼庵，民间传说，白衣庵很灵验，往往会有求必得，于是民间称呼其为"白灵寺"。寺约毁于20世纪20年代，但地名"白灵寺"沿用至今，在杨浦区有一定知名度。

图书在版编目(CIP)数据

老上海古镇名邑/薛理勇著. —上海：上海书店出版社，2015.8
（薛理勇新说老上海）
ISBN 978-7-5458-1115-5

Ⅰ.①老… Ⅱ.①薛… Ⅲ.①乡镇—介绍—上海市 Ⅳ.①K925.15

中国版本图书馆CIP数据核字(2015)第154575号

责任编辑　沈佳茹
技术编辑　丁　多
装帧设计　郦书径

老上海古镇名邑
薛理勇　著

出　　版　上海世纪出版股份有限公司上海书店出版社
　　　　　（200001　上海福建中路193号　www.ewen.co）
发　　行　中国图书进出口上海公司

版　　次　2015年8月第1版

ISBN 978-7-5458-1115-5/K.192